Herbert Guttropf

AF281074

Immer flussabwärts

Herbert Guttropf

Immer flussabwärts

Klassische Faltbootreisen der fünfziger Jahre

© 2004 Herbert Guttropf
Herstellung und Verlag: Books on Demand GmbH, Norderstedt
ISBN 3-8334-1359-X

Inhalt

Vorwort

Mit Schulfreunden und Nachbarskindern sitze ich an einem warmen Sommertag nach der Schule am Neckar zwischen Anlegesteg und Steintreppe, nahe am Wasser. Wir beobachten das Treiben auf dem Fluss. Auf einigen Stahlpontons mit Pritsche ist ein Holzhaus mit Veranda und Blumenkästen aufgebaut und fest am Ufer verankert. Das ist der Bootsverleih Mangelsdorf mit Einer- und Zweierholzkajaks und Ruderbooten zum Ausleihen stunden- oder tageweise. Die Stunde kostet ab eine Mark. Einige von uns, darunter auch ich, würden gerne rudern oder paddeln. Kaum einer von uns hat das nötige Geld dazu und schwimmen können wir auch nicht. So bleibt uns heute nichts anderes übrig als zuzuschauen. Nun wollen wir schnellstens schwimmen lernen. Einige Wochen später können wir, dank Anleitung älterer Freunde die zweihundert Meter über den Neckar schwimmen. Beim Bootsverleih Mangelsdorf fragen wir ob sie Hilfe benötigen. Kommt mal in zwei oder drei Tagen dann gibt es was zu tun für zwei von euch an einem Nachmittag dafür dürft ihr Bootfahren. Nach zwei Tagen stehen wir auf den Planken und bekommen einen Schwamm und eine Schöpfkelle, hergestellt aus einer aufgeschnittenen Konservendose mit einem Holzstiel daran. Mit den Werkzeugen machen wir sauber und schöpfen Wasser aus den klobigen Kähnen. Für fünf Stunden Arbeit eine Stunde rudern oder paddeln. Wenn einige Stunden angesammelt sind suchen wir uns ein Boot aus, ein Ruderboot als erstes, das ist nicht so kippelig. Später versuchen wir uns an den schweren Holzpaddelbooten. So neigt sich der Sommer schnell dem Ende zu und wir haben Rudern und Paddeln gelernt.

Die nächsten Jahre mit Schulabschluss, Lehre und Berufsschule, Prüfungen und 48 Stundenwoche, bei vier Wochen Jahresurlaub, 15 bis 55 Mark Verdienst im Monat, später als Geselle 30 Mark die Woche da muss ich sehr sparsam sein um zum eigenen Faltboot zu kommen. So vergeht die Zeit bis ein gebrauchtes Zweierfaltboot angeschafft werden kann. Endlich ist es soweit 1953 bekomme ich ein gebrauchtes Zweierfaltboot Klepper Vorkriegsmodell für 140 Mark. Einen Lagerplatz dazu beim Wassersportclub im Keller des Gasthauses Krone, der bei Hochwasser geräumt werden muss der Vereinsbeitrag zwei Mark und der Lagerplatz eine Mark monatlich. Die geringe Freizeit, viele Arbeitsstunden, wenig Urlaub und noch weniger Geld da bleibt nicht viel Zeit zum paddeln. Erste Probefahrten mit dem Boot um zu sehen ob alles dicht ist mache ich auf dem Neckar vor dem Bootshaus. Bei der gründlichen Reinigung stelle ich fest, dass die Kielstreifen erneuert werden müssen. Nach dem Auftragen des silbernen Bootswachses verschiebe ich das auf den Winter. Ich übe das Einsteigen mit der Paddelbrücke dabei sollte das Paddel über das Boot auf den hinteren Süllrand und das Ufer gelegt werden zum Abstützen damit das Boot nicht gleich umschlägt und der Paddler ins Wasser fällt, soll schon mehrfach so geschehen sein wurde mir glaubhaft versichert. Erste Runden paddeln um sich an die anfangs wackeligen Verhältnisse zu gewöhnen und nicht reinzufallen. Auf dem Neckar ist Berufsschifffahrt, Ausflugsdampfer, Segel und Motorbootverkehr und auf alle diese Verkehrsteilnehmer muss ständig geachtet werden. Die Fahrrinne hat Begrenzungsstangen, von uns als Zigarren bezeichnet, schwarz links und rot rechts in Flussrichtung. Eine rot-weiße Tafel bedeutet: Sperrung der gesamten Schifffahrt. Im Bootshaus sind auf einer großen Tafel viele Abbildungen mit Schifffahrtszeichen zur Information. Bevor die Boote ins Lager gelegt werden müssen sie gereinigt werden und im Bootshaus muss der Bug immer zum Ausgang zeigen, so steht es in der Bootshaus – Ordnung. Jede Fahrt ist in ein großes Buch einzutragen.

Vor dem Bootsaufbau

Wasserwandern mit dem Faltboot

Zu den ältesten Wanderwegen der Menschheit gehört wohl das Wasser. Sei es, dass bei Jagdzügen dem laufe eines Flusses gefolgt wurde, um den zur Tränke ziehenden Tieren aufzulauern oder um die Herden auf ihren Wanderungen tränken zu können. Dass dabei auch irgendwann einmal die Kraft des fließenden Wassers zur eigenen Fortbewegung ausgenutzt wurde, ist bei der Findigkeit der Menschen sicher. Damit war dann der erste Wasserwanderer da. Aber erst sehr viel später wurden die Flussläufe wie auch das Meer in Ufernähe zum regelrechten Reise- und Verkehrsweg. Waren im Altertum und Mittelalter nur militärische und wirtschaftliche Gründe hierfür maßgebend, so kamen in neuerer Zeit auch kulturelle und schöngeistige hinzu.
Aus „Hessische Sportjugend" Mai 1956 von W. Demmer.
Nachdruck mit Quellenangabe ist laut Impressum ausdrücklich erlaubt.

Das Faltboot

Das aus vielen Einzelteilen bestehende Faltboot erfordert einige Übung beim Auf- und Abbau um alles in den drei Packtaschen, je eine für Stäbe, Haut und Spanten transportabel zu machen. Das Gerüst eines der größten Hersteller besteht aus sieben Spanten, zwei Bodenleitern, zwei Steven, vier Bordwänden, acht Rundstäben, zwei Deckstäben. Fünf Süllrandteile, je zwei Sitze Rückenlehnen und Bootshaut. Beim Aufbau werden die zwei Gerüsthälften in die Haut geschoben und mittels Hebelboden und Bordwänden gespannt, der Süllrand angebracht und Sitze und Lehnen eingehängt. Fertig, hört sich einfach an und ist, bei einiger Übung in einer halben Stunde fahrfertig, alles ohne Werkzeug. Je nach Verwendungszweck ist noch eine Steueranlage und Spritzdecke erforderlich. Auf jeden Fall brauchen wir ordentliche Paddel zur

Fortbewegung. In der Leihbücherei besorge ich mir die „Neue Schule des Kanusports" von Herbert Rittlinger aus dem Verlag Brockhaus Wiesbaden. Mit Kapiteln wie „Theorie und Wirklichkeit" oder „Große und kleine Fahrt" und mit weiteren Informationen rund um das Paddeln auf über 500 Seiten. Daraus habe ich erfahren, dass der Schotte Mc. Gregor mit seinem Kahn „Rob Roy" schon 1860 Mosel, Rhein und Donau befahren hatte.

1955 Auf unserem Hausfluss

Erste Paddeltour auf dem Neckar.

Nach einiger Zeit ist uns das vor der Haustüre „herumgepaddel" nicht mehr interessant genug und wir planen, drei Freunde und ich eine etwas größere Wochenendtour. An einem arbeitsfreien Samstag soll´s losgehen. Donnerstagabend Boote abbauen und verpacken mit allem was für zwei Tage gebraucht wird. Zelte, Luftmatratzen, Schlafsäcke und noch einiges mehr stopfen wir mit in die Bootspacktaschen. Ist alles richtig schwer. Heini, Karl, Ali und ich karren die zwei Faltboote am späten Freitagabend zum einige Kilometer entfernten Hauptbahnhof. Die Fahrkarten ins dreißig Kilometer entfernte Neckarstädtchen kosten in der 2. Klasse für den Personenzug drei Mark zwanzig, die Fahrradkarte für Bootsgepäck fünfundsiebzig Pfennige. Die Boote rollen wir zur Gepäckaufbewahrung, kostet bis morgen früh noch mal zwanzig Pfennige. Nun genehmigen wir uns noch jeder ein Glas Bier in der Bahnhofwirtschaft für vierzig Pfennig.
Der Bummelzug 8.30 Uhr ab Hauptbahnhof ist pünktlich am Bahnsteig 2, wir auch mit den Gepäckbergen. Der Schaffner nimmt alles am Packwagen entgegen nachdem Post und Expressgut ein- und ausgeladen war. Der Mann mit der roten Mütze und der grünen Kelle pfeift und der Blechwurm setzt sich langsam in Bewegung um ratternd über das Gleisgewirr in Richtung Neckartal zu entschwin-

den. Durch den Königstuhl-Tunnel am Bahnhof Karlstor der erste Halt, nun geht es immer am Fluss entlang mit fünfmaligem Halt nach Eberbach. Die Boote holen wir am Packwagen ab und schieben sie ans Neckarufer. Bei strahlendem Sonnenschein bauen wir aus dem Gewirr von Spanten, Stäben und Bootshäuten die beiden Zweier auf. In einer Stunde ist alles verpackt und verstaut, nichts liegt mehr herum. Zelt, Kocher, Regenzeug und mehr findet Platz in den 5 Meter langen und 90 Zentimeter breiten Booten.

Weiße Schönwetter-Wölkchen und dunkle Wälder spiegeln sich im träge dahinfließenden Neckar. Ein Ausflugsdampfer überholt uns. Flussauf nähert sich ein Schleppzug, er zeigt eine gelb-schwarze Tonne am Mast und rechts, also Steuerbord eine blaue Flagge, die dem talfahrenden Ausflugschiff die Vorbeifahrt anzeigt. Das letzte Schiff des Schleppzuges ist mit einem gelb-schwarzen Ball gekennzeichnet. Die Umgebung, der Fluss, die Straßen und die Orte sind uns durch Fahrradtouren bekannt, aber aus einer anderen Perspektive. Aus der Faltbootsicht sieht manches jedoch ganz anders aus. Nach einer Stunde paddeln, Enten aufschreckend, Reiher beim fischen störend und große Bogen um Schwanenpaare mit Jungen machend finden wir eine winzige Wiese in Ufernähe um eine kleine Pause zu machen.

Am linken Ufer erhebt sich der 409 Meter hohe Kolben über den ausgedehnten Mischwäldern. Rechts, im Norden, der Steinerne Tisch 397 Meter über Normal Null. Dahinter windet sich der Fluss nach Norden, So erreichen wir fleißig paddelnd nach strömungslosen Kilometern die Ersheimer Kapelle mit Gartenlokal wo Tische und Bänke zu einem Bier einladen, was wir uns 40 Pfennige kosten lassen. Der Durst ist gelöscht, kaum in den Booten muss nach einer Linkskurve gleich wieder angelegt werden. Um das Wehr Hirschhorn, überragt von der Burg, die Stadt und Tal beherrscht, in der mittäglichen Hitze umzutragen. Ein schwerer eiserner vierrädriger Karren erlaubt uns beide Faltboote in einem Arbeitsgang umzukarren. Einer von uns, muss das schwere Ding hochschieben auf den Platz in Höhe des Schleusenhauses. Über die

Wehrwalzen fließt kein Wasser, also weiterpaddeln im stromlosen Stauwasser. Nach wenigen Kilometern Fähre und Zeltplatz Pleutersbach mit Gastwirtschaft und ein Paar Häusern. Nach einigen Kurven zwischen über 400 Meter hohen bewaldeten Bergen fällt der Blick auf die alles überragende Festung Dilsberg hoch über dem Tal. Links zwischen Fluss, Feldweg und Wald eine Wiese, wo auf dem abgemähten Teil ein Zelt steht. Eine schmale Steintreppe am Ufer, daneben ein großer Eisenring, „da steigen wir aus" sage ich und lege an. Boot nach Boot tragen wir auf die Wiese und fangen an auszupacken. Bei dem Zelt liegen zwei Boote, „das sind Gerd und Lilli aus unserem Verein, ich kenn´ die Boote, der Langeiner und das schwarze Slalomboot" sagt Karl, der muss es wissen ist er doch schon länger im Verein. Ungefragt bauen wir nebenan die Leinwandvillen auf, da kommen die beiden, Gerd und Lilli zurück. Lilli sagt: „wir haben euch vom Dilsberg aus um die Kurve paddeln sehen und uns fast gedacht, dass wir noch Besuch bekommen, weil wir wussten, dass ihr unterwegs seid". „Der Bauer hat uns erlaubt eine Nacht auf der abgemähten Wiese zu zelten" sagt Gerd und vorsichtshalber habe er gesagt „vielleicht kommen noch welche nach" „das hast du gut gemacht" sagt Karl. Nun verbringen wir den lauwarmen Sommerabend hier auf der Wiese am Waldrand. Gegenüber der Schiffswerft Neckarsteinach, wo einige Angler ihr Jagdglück versuchen. Gerd hat viel zu erzählen von seinen Erlebnissen früherer Wanderfahrten auf Drau, Rhone und anderen Groß- und Kleingewässern.

Nach spätem ausgiebigem Frühstück, der üblichen Abbau und Packarbeit, lassen wir nun vier Boote zu Wasser, zwei Zweier und zwei Einer. Kaum richtig im Boot sitzend und nach wenigen Paddelschlägen ist das Wehr erreicht. Wieder links umkarren oder tragen geht mit sechs Paddlern und vier Booten etwas langsamer voran. Gegenüber die Vierburgenstadt Neckarsteinach, Sportboote mit Motor oder Segel tummeln sich hier vor dem Zeltplatz. An der Anlegestelle auf der Stadtseite liegen die Musikdampfer und warten auf ihre Fahrgäste, die im mittelalterlichen Städtchen noch unterwegs sind. Wir beeilen uns vor den Schiffen am nächsten Wehr zu sein. Einige kleinere Motorboote überholen uns und wir schaukeln auf deren Wellen. Im engen Tal, die Berge sind hier 400 bis 500 Meter hoch, erreicht uns die Sonne nicht mehr. Ohne viel Aufenthalt tragen wir an der Schleuse die Boote um. Unter der Schlierbacher Brücke hindurch, an Ziegelhausen vorbei, nun wieder in der Sonne paddelnd rechts das Parkhotel Haarlass und das Stift Neuburg, da überholen uns die Musikdampfer. An der Anlegestelle der Umsetzanlage der Karlstor-Schleuse muss ein Angler seine Gerte einziehen um uns Platz zu machen. Umtragen geht schneller als schleusen. Vor den Schiffen erreichen wir das Bootshaus an der zweiten Brücke am rechten Ufer. Unsere erste Gepäcktour bringen wir ohne besondere Vorkommnisse zu einem guten Ende.

Weitere Fahrten sollen folgen mit wechselnden Start- und Zielorten. Es gilt Erfahrungen zu sammeln um dann auf größere Fahrten zu gehen. Der Freund und ich lesen Fahrtenbeschreibungen, Berichte und Bücher von bekannten Autoren um mehr über Ausrüstung und Flussgebiete zu erfahren.

1957 Wanderfahrt auf dem Neckar.

Große Fahrt von Stuttgart bis Heidelberg.

Nach einigen Touren und Ergänzung der Ausrüstung glauben wir die nötige Erfahrung für eine längere Wanderfahrt zu haben. Aus US Beständen im Stegwarenladen werden gummierte Leinensäcke, die weitgehend wasserdicht sind, in der Größe von 50 x 70 Zentimeter gekauft. Die waren gebraucht und ausgemustert und werden, je nach Zustand für zwei bis fünf Mark verkauft. Pro Person und Boot sind drei bis fünf Stück erforderlich. Für die Fotoausrüstung und wertvolle andere Dinge, wie Bücher, Papiere, Geld

Umtragen am Wehr Heidelberg

und die Karten und Flussführer kaufen wir und Foto- und Kleider-beutel von WEGU, Metzeler oder Mügufa (Münchener Gummifa-brik), die allerdings einiges mehr kosten als die Armeesäcke. Zehn Tage haben wir, Gunda und Alisa, Heinz und ich mit un-seren beiden Vorkriegs- Klepperzweiern, Zeit 150 Kilometer auf dem durch viele Wehranlagen gestauten Neckar zu paddeln. Es beginnt mit abbauen und verpacken, das jeder Wanderfahrt mit Boot und Zelt vorausgeht. Alles muss in die drei Taschen Stäbe, Spanten und Haut auch das Zelt, Luftmatratzen, Schlafsäcke, Kocher und vieler Kleinkram passt da hinein. Dazugelernt ha-ben wir einiges durch lesen der entsprechenden Literatur von Rittlinger und anderen. Nachdem die Bootswägelchen die drei Taschen aufgebürdet bekamen begeben wir uns zum Bahnhof um Fahrkarten zu kaufen und die Abfahrtszeiten zu erkunden. Die Bahnfahrt nach Stuttgart im Eilzug 2. Klasse kostet 13 Mark dazu die Fahrradkarte für das Boot. Am Samstag früh aufstehen, der Zug fährt um 7.10 ab Hauptbahnhof. Pünktlich finden wir uns am Bahnsteig vier ein, schnell ist eingeladen in den randvollen Packwagen und wir finden uns im Abteil zwischen anderen Rei-senden wieder. Der Eilzug rollt über Bruchsal und Mühlacker nach fast zwei Stunden in den Bahnhof Bad Cannstatt ein, da stehen wir mit unserem Gepäck auf dem Bahnsteig und sehen dem Richtung Ulm-München entschwindenden Eilzug nach. Wir suchen den Ausgang und machen uns auf den Weg zum Bootshaus am nahen Neckar. Die Strasse ist schlecht mit Kopf-steinpflaster und Löchern, die Gurte sind nachzuspannen und die kleinen Räder wackeln bedenklich. Am Bootshaus angekom-men, entladen, aufbauen, einpacken und reinsetzen, hört sich leicht und einfach an, dauert aber seine Zeit. Halt, noch Wasser fassen, wo ist an dem Haus ein Wasserhahn und, kein Mensch zu sehen, den man fragen könnte aber hinter dem Schuppen da finde ich einen rostigen Hahn. Siehe da es kommt Wasser, schnell noch etwas in die Wassersäcke füllen, dann können wir unbesorgt ablegen

Erleichtert sind wir als gegen Mittag die Brücken und das Wehr Stuttgart hinter unserem Kielwasser entschwindet. Es ist kühl, also reinhauen, dass das Wasser richtig spritzt, man muss sich Warmpaddeln. Die Sonne wärmt im Frühjahr noch nicht so sehr. Wir sehen rechts den Max Eyth See, Stuttgarts Wassersport-Revier, wo viele Segelboote ihre Masten in den Himmel recken. Noch 500 Meter bis zum Kraftwerk und Staustufe Hofen. Hier muss mühsam umgesetzt werden und das dauert einige Zeit bis die Boote wieder schwimmen. Aldingen folgt nach einigen Kilometern anstrengender Paddelarbeit. Dann am linken Ufer Poppenweiler, Vorort der Stadt Ludwigsburg, wo eine Pause beim Schwimmverein gemacht wird. Von hier sind es zweitausend Meter, oder eine halbe Stunde zu Fuß, zum Barockschloss. Sehenswert, wir waren schon öfter mit den Fahrrädern da, heute ersparen wir uns den Weg dorthin. Nicht nur das Schloss ist interessant, die evangelische Stadtkirche und katholische Stadtpfarrkirche, der Marktbrunnen, ein alter Friedhof und etwas außerhalb Schloss Monrepos sind weitere Sehenswürdigkeiten von Ludwigsburg. Noch einiges an Kilometern im Stau und zwei Kraftwerke mit Schiffsschleusen und Umsetzanlagen sind zu überwinden. Der Gegenwind macht uns zu schaffen. Am rechten Ufer Steilhänge und Kalkfelsen mit Weinbergen und da kommt auch schon Mundelsheim in Sicht, am Sportplatz wollen wir sehen ob eine Zeltmöglichkeit besteht. „Ja, hier könnt ihr eine Nacht bleiben, es gibt eine Toilette und Waschgelegenheit" sagt uns der Platzwart, der mit seinem Wagen Markierungen auf dem Rasen anbringt. Bald stehen die Zelte. Die Kocher brummen vor sich hin. Spagetti sind bereits fertig gekocht und stehen wohlverpackt in Handtuch und Schlafsack zum warm halten bis Tomatensoße und Fleischkäse fertig sind. Mit nur einem Kocher muss mit allen Tricks gearbeitet werden, das haben die beiden Kajakfrauen schnell herausgefunden.
Am anderen Morgen ist der Himmel grau und trüb. Leichter Regen macht uns nicht viel aus. Heute ist ein Ruhetag eingeplant. Einkaufen in Mundelsheim oder Besigheim ist noch eine Wetterfrage.

Nach dem Frühstück hat der Regen nachgelassen und schließlich ganz aufgehört, dunkle Wolken hängen noch am Himmel als wir mit Einkaufsnetz und Regenschirmen losziehen. In Mundelsheim stehen zwei Kirchen aus dem 13. und 14. Jahrhundert. Burg und Schloss wurde vor über hundert Jahren abgebrochen und sind somit verschwunden. Bis Besigheim, wo die Enz in den Neckar mündet, sind es fast fünf Kilometer. Der Ort hat seit dem 13. Jahrhundert Stadtrecht. Reste der Wehrmauer, das Pulvertürmle und die beiden mächtigen romanischen Rundtürme sind bis heute erhalten. Beide Brücken über die Enz wurden 1581 und 1833 erbaut. Hoch über dem Fluss die evangelische Stadtkirche. Rathaus und Marktbrunnen beherrschen den Markt. Anstrengend der Rundgang mit Einkauf und begleitet von einigen Regenschauern. Da erfüllen die Regenschirme ihren Zweck. Der Rückweg kommt mir länger vor. Am rechten Ufer Weinberge und der Felsengarten mit wild zerklüfteten Muschelkalkfelsen. Wir gehen über die Brücke beim Schreyerhof nach Hessigheim und rechts flussaufwärts zum Sportplatz wo Zelte und Boote sind. Der Platzwart ist beim Aufräumen seiner Arbeitsgeräte. Für das Zelten verlangt er von uns eine Mark die Person und Nacht.

Zwischenbemerkungen über die Packtechnik, die wir uns angewöhnt haben. Einen Koffer von 40x50x30 Zentimeter, der passt hinter den Sitz zwischen die Spanten und ist in einem zugebundenen Gummisack. Im Koffer hat vieles Platz, Teller, Tassen, Besteck, Gewürze, Mehl und Zucker und weitere feuchtigkeits- und druckempfindliche Dinge. Über dem Koffer kann der zerlegte Bootswagen untergebracht werden. Im Einkaufsnetz oder einen Stoffbeutel, versehen mit einer hundert Zentimeter langen Schnur, sind Dosen und andere Wasser und Druck unempfindliche Sachen. Die kommen ganz vorn oder hinten ins Boot, die Schnur hat den Zweck die Beutel leichter zur Bootsmitte zu ziehen. Der Trick könnte von einem cleveren Schwaben sein.

Am nächsten Tag auf dem trägen, trüben Fluss und ich stelle mir vor wie es hier vor der Kanalisierung ausgesehen hat. Von

Mundelsheim bis Mannheim ein durchschnittliches Gefälle von 60 Zentimetern auf den Kilometer. Das entspricht fast einem Wildbach. Da war es klar, dass der Kettenschlepper öfter mal Teile seiner Kette, die von Mannheim bis Heilbronn im Flussbett lag, verlor. Die Besatzung musste sie suchen, aufnehmen und in der bordeigenen Schmiede wieder zusammensetzen. Heute erinnern nur noch einige Gasthäuser an diese Zeit mit ihrem Namen: „Zum Kettenschlepper".

Das Wehr Lauffen ist erreicht. Rechts muss umgekarrt werden. Die Stadt kommt ins Blickfeld, eine alte Ansiedlung an einer ehemaligen Stromschnelle, wie der Name andeutet. Eine Pfarrkirche aus dem 13. Jahrhundert, das untere Schloss ehemals Burg heute Rathaus, auf dem Felsriff der Neckarinsel stammt aus dem Hochmittelalter. „Weiterpaddeln, keine Müdigkeit aufkommen lassen" sagt Heinz laut, alle können es gut hören, die Wasseroberfläche wirkt wie ein Verstärker. Der Westwind treibt schwarze Wolken vor sich her und leichter Regen beschleunigt unsere Paddelbewegungen. „Ja" sage ich, „wir haben noch einige Kilometer bis zum Bootshaus der Union Böckingen in Heilbronn. Am Wehr Horkheim befindet sich die Bootsschleppe links und Umtragen ist keine reine Freude bei Nieselregen. Nach dem Umsetzen sagt Gunda „nun müssen wir reinhauen". Bald tauchen die ersten Häuser der Vororte auf. Beim Eintauchen der Paddel treibt der Seitenwind Sprühwasser über uns und die Boote. Am rechten Ufer der Stadtteil Sontheim. „Nun müssten wir doch bald da sein" sagt Gunda. Nach einer Linkskurve sehen wir das Wehr Heilbronn vor uns und nach einigen kräftigen Paddelschlägen ist die Anlegepritsche erreicht. Festhalten und einer nach dem anderen aussteigen, die Boote hoch auf den Rasen tragen, ausräumen, Zelte aufstellen und einräumen. Der Wind hat den Regen weggeblasen. Die Wiese ist nass und das Wasser quakt unter den Bootsschuhen, dass ich es vorziehe Gummistiefel anzuziehen. Zelte und Überdächer schützen vor weiteren Regengüssen. Nach ruhiger Nacht mit wenig Regen ist der nächste Tag ein „Ruhetag" in Anführungszeichen deshalb, weil ein Stadtrundgang anstrengend sein kann.

So gegen elf Uhr machen wir uns auf den Weg zur etwa zwanzig Minuten entfernten Innenstadt. Das Rathaus beherrscht die Nordseite des Marktplatzes, wo wir gerade stehen. Der Altan mit den Freitreppen wurde später angebaut. Im Krieg war vieles stark beschädigt. Davon ist nach dem Wiederaufbau nichts mehr zu sehen. Die Kilianskirche wurde 1944 zerstört und ist nun wiederhergestellt. Es gibt noch Reste aus der Römerzeit. Die mittelalterliche Stadtmauer mit dem Götzenturm ist teilweise noch erhalten. Götz von Berlichingen saß seine Strafe nicht im Götzenturm sondern im Bollwerksturm ab. Heilbronn war alemannisch, fränkisch und fünf Jahrhunderte pfälzisch. Im Jahre 1802 kam es zu Württemberg. In der Stadt gibt es viele Geschäfte. Wir kaufen nur das ein was in den Booten transportiert werden kann. Die Sonne hat die dunklen Wolken verdrängt und der Nachmittag wird noch angenehm warm. Zum Abschluss genehmigen wir uns noch ein Schöppche Trollinger in der Wirtschaft „Zur Reblaus" bevor wir den Rückweg zum Platz antreten. Der Abend beim Kanutenhock im Kreise der Heilbronner Paddlerschar vergeht viel zu schnell. Erzählungen von Spanten- und Sentenbruch, Risse in Bootshaut oder Oberdeck durch Stacheldraht und in Wehren eingebauten Sägeblättern werden zum Besten gegeben und erheitern die Zuhörer. Von hohen Wellen, eisigem Wind und von Anglern, die mit toten Fischen nach Paddlern werfen wird erzählt. Sprüche, Paddlerlatein oder doch wahre Begebenheiten, wer will das noch beweisen nach einigen Gläsern Trollinger?

Die Morgensonne treibt uns früh auf den träge dahinfließenden Fluss. Heute erwarten uns vier Wehre mit längeren oder kürzeren Umtragstellen. Gleich das Erste mit Kahnschleuse zur Selbstbedienung, das bedeutet ein Mitpaddler muss aussteigen und die Anlage bedienen, Alisa steigt an der Treppe aus. Sie hat einige Bedienungsanweisungen, die auf einer Tafel stehen zu befolgen. Das obere Tor ist geschlossen und die Kammer leer, ist das Untertor zu schließen, die Schützen zuleiern und zum Obertor die Schützen öffnen, damit die Kammer gefüllt wird. Bei gleichem Wasserstand lässt sich das Obertor leicht aufdrücken. Wir paddeln hinein in die etwa dreimal zwölf Meter große Kammer. Dann oben zumachen, unten Schütze öffnen, der Betontrog läuft leer. Ist unten die Wasserhöhe auf Gleichstand lässt sich das Tor öffnen. „Huhu, wir sind unten" schallt es zwischen den Betonwänden, es war Heinz, der eilig hinauspaddelt um Alisa an der Treppe einsteigen zu lassen. Mehrere Kilometer geht es nun vorbei am Stadtgebiet und Hafenanlagen mit zeitweißem Schiffsverkehr. Hier ist auf ein- und ausfahrende Schlepper mit Anhang besonders zu achten. Am rechten Ufer die Anlagen der NSU-Werke, dann Neckarsulm mit Deutschordensschloss und Zweirad-Museum. Die folgende Wehranlage muss links über Treppen und mit Bootswagen mühsam umgetragen werden. Dann die Mündung des Kochers, der sein Wasser nach 168 Kilometer langen Lauf durch Hohenlohe in den Neckar ergießt. Die Fördertürme des Steinsalzbergwerkes Kochendorf beherrschen das östliche Ufer. Tausend Meter weiter auf der gleichen Uferseite mündet die fast 200 Kilometer lange Jagst ein, danach landen wir an der linksufrigen Pritsche des Rudervereins Bad Wimpfen an. Am Bootshaus ist die Ausrüstung gut aufgehoben und bei nun fast sommerlicher Temperatur steigen wir zur Stadt empor. Eine Kaiserpfalz mit vielen sehenswerten Baudenkmälern und alten Häusern erwartet uns. Interessant der „Blaue Turm" wegen dem schönen Ausblick auf Neckar, Jagst und Kocher. Nach Norden ist heute besonders gute Sicht bis Gundelsheim und Schloss Guttenberg. Im Tal ist der älteste Stadtteil hier war in der Römerzeit ein Kastell an der vorletzten Limeslinie.

Zügig paddeln wir vorbei an der Fähre Heinsheim und den Burgen Ehrenberg und Guttenberg. Die Staustufe Gundelsheim karren wir auf eigenem Bootswagen um. Über dem Ort das Deutschordensschloss und die Weinbergterrassen betrachten wir aus der Bootsperspektive. Schleppschiff „Neckar IV" zieht am langen Stahlseil die „Käthe" aus Neckarsteinach langsam in Richtung Schleussenkammer an uns vorbei. Kleine Wellen schaukeln uns auf und ab. Nach einer großen Flussschleife, bedingt durch fast 300 Meter hohe Bergrücken beiderseits des Neckars, links Haßmersheim, das mit einer Hochseilfähre Verbindung zum anderen, rechten Ufer hat. Vor uns, auf halber Höhe die Burg Hornberg, und auch am rechten Ufer die Germania Faltbootwerft in Neckarzimmern. Die bewaldeten Hänge des südlichen Odenwaldes reichen bis an den Fluss und lassen Strasse und Eisenbahn nur wenig Raum. Nun folgt die nächste Stauanlage Neckarzimmern mit Umtrage links, das soll für heute die letzte sein. Neckarelz unmittelbar an der Einmündung des Flüsschen Elz ein kleiner Zeltplatz. Wir steigen aus und entschließen uns hier zu zelten. Gegenüber Schloss Neuburg und Obrigheim. Nach dem Zeltaufbau, während sich die

Mittagessen am Poller

Frauen beim kochen abmühen um was Gutes hinzubekommen, schauen wir gelangweilt einem Angler zu. Er hat etwa zehn Fische, Rotaugen und Weißfische in einem großen Eimer rumschwimmen. Ich frage neugierig: „Kann man die Fische aus der trüben Brühe essen?" „Ja", erwidert er, „wenn die noch einige Tage zu Hause im klaren Wasser schwimmen schmecken die gut." „Ach so", sagt Heinz, „die Angler machen doch immer die Fische gleich tot." „Stimmt, die wenigsten Angler essen die Fische selbst, die werden an Katze oder Hund verfüttert", klärte uns der freundliche Mann auf. Mit „Petri Heil" verabschieden wir uns, da die Frauen rufen.", das Essen ist fertig", und mit „Petri Dank" von Seiten des Anglers schlendern wir die paar Meter zu den Zelten zurück. Mit einigen Gläschen Trollinger, den wir unterwegs eingekauft haben, beschließen wir den Abend. Unter den Pappeln und Erlen wird es schnell kühl und dunkel im südlichen Odenwald.

„Noch drei Tage Zeit und nur zwei Paddeltage bis Heidelberg ans Bootshaus, da wäre noch ein Ruhetag drin" sage ich beiläufig am Frühstückstisch, am Boden sitzend auf der Luftmatratze. „Vorschlag angenommen", sagen die drei fast einstimmig. Bald machen wir uns auf in Richtung Mosbach. „Etwa eine Stunde zu Fuß an der Elz lang, es fährt aber auch stündlich ein Bahnbus", klärt uns der Platzwart auf. Danke, wir wählen die billige Variante, den Fußmarsch, der uns gut tut nach vielen Stunden im Paddelboot. Eine schöne alte Stadt mit vielen Fachwerkhäusern ist die Kreisstadt Mosbach. Am Markt das vierhundert Jahre alte Rathaus mit seinem Turm, der von einer abgebrochenen Kirche aus dem frühen 15. Jahrhundert stammt. Im Norden erhebt sich der 288 Meter hohe Henschelberg mit schöner Sicht auf die Stadt und das Elztal. So vertrödeln wir den Tag und kehren erst am späten Nachmittag zum Platz zurück. Am anderen Morgen unplanmäßig und nicht bestellt ein kräftiger Regenschauer. Dicke Tropfen prasseln auf die, aus Nessel mit essigsaurer Tonerde imprägnierten, selbstgemachten Überdächer. Hier und dort tropft es manchmal durch. Die Benzinkocher, Marke Enders Baby, fauchen um Wasser für Kaffee oder

Tee zu kochen. Wenig später, kaum zu fassen, der Regen hat nachgelassen, erste Sonnenstrahlen über dunkeln Wipfeln, Gras und Überzelte dampfen. Wir können fast trocken abbauen und verpacken.

Nach zweistündiger Tour, eifrig paddelnd, ist der Stau Guttenbach im Weg. Umtragen ist wieder angesagt. Die sagenumwobene Ruine der Minneburg auf dem Bergrücken am linken Ufer, wo eine Kahnfähre die Verbindung zwischen den Ufern herstellt, hindert uns nicht daran weiterzupaddeln. Nach einer weiteren halben Stunde ist die Wagenfähre Zwingenberg erreicht. Aussteigen mit Blick auf die Burg und die Gasthäuser Anker und Post. Boote aufs Ufer hochlegen und sichern. Wertsachen und Fotos mitnehmen zur Wanderung in die sagenumwobene Wolfsschlucht. Der Fußweg führt steil bergan. Vorbei an der mittelalterlichen Burganlage, die heute in Privatbesitz ist, auf einem nun steilen, engen Weg in die düstere Schlucht. Alte Bäume mit Moos und Flechten bewachsen recken Stämme und Äste dem spärlichen Licht entgegen. Halbdunkel und modrig ist es hier und der kleine Bach eilt gurgelnd und plätschernd dem nahen Neckar zu. Ein Specht, oder sind es mehrere?, klopft eifrig an einem Astloch, nur zu hören und nicht sichtbar. Um zu fotografieren ist es viel zu dunkel, der Sixtomat Belichtungsmesser zeigt bei dem verwendeten Film Adox KB 14-schwarz- weiß keine Belichtungszeit mehr an, also Kamera in der Tasche lassen. Durch Spinnweben und Mückenschwärme steigen wir weiter bergan. Der schmale, nasse und steinige Pfad wechselt öfter mal die Schluchtseite. Nach einer halben Stunde machen wir kehrt und beeilen uns wieder in die Sonne zu kommen. In der Gartenwirtschaft mit Blick auf Fluss, Fähre und unsere Boote kehren wir noch ein bevor wir weiterpaddeln.

Die Sonne strahlt vom Wolkenlosen Himmel, mit unserer unsichtbaren Spur ziehen wir an Lindach vorbei. Am linken Ufer in einiger Entfernung stehen im Schilf, fast unsichtbar, einige Fischreiher, die bei unserem Anblick schnell das Weite suchen und auf den hohen Pappeln landen. Über der Wasserlinie ist der Wehrsteg von Rockenau auszumachen, das bedeutet links aussteigen und mit dem schweren Eisenbereiften Karren umsetzen, dabei gönnen wir uns eine Pause. Noch einige Kilometer weiter, der Fluss fließt in nördlicher Richtung auf Eberbach zu um sich dann nach Westen zu wenden. Bedingt durch den Katzenbuckel mit 628 Höhenmetern und dem vorgelagerten Schollenbuckel, der 317 Meter erreicht. Geradeaus, als wollte er den Fluss bremsen, die „Hohe Warte" mit 548 Meter über Normal -Null. Nach der Brücke rechts, Eberbach eine fast tausendjährige Ansiedlung. Die evangelische und die katholische Pfarrkirche und auch das klassizistische Rathaus sind sehenswert. Das alte Badhaus aus dem 15, Jahrhundert und einige alte Wehrtürme sind noch erhalten. Wir halten uns damit nicht auf. Vorbei an Stadt, Zeltplatz und Kanuclub paddeln wir eifrig weiter. Vor Einbruch der Dunkelheit wollen wir Hirschhorn erreichen, das sind noch fast zwei Stunden auf gestautem Wasser zu paddeln. Der Zeltplatz mit Gasthaus „Zum Schiff" auf dem linken Ufer ist nicht unser Ziel. Pleutersbach kann mit einer Wagenfähre vom Nordufer aus erreicht werden. „Weiter, weiter" drängeln meine Mitpaddler. Der Wald reicht, bis auf wenige Ausnahmen, bis ins Tal und lässt kaum Platz für Schiene und Strasse. Links einige bunte Wiesen mit Kühen und Schafen, dort führt ein unbefestigter Feldweg am Ufer entlang. Der Wasserweg macht fast eine Kehrwendung von Südost nach Nordost als wolle er nun bergauf fließen.

Das Tagesziel Ersheimer Kapelle ist erreicht, eine der ältesten im Neckartal, mit kleiner Zeltwiese und Gasthaus „Zum Ersheimer Hof". Der Wirt erlaubt uns für eine Nacht die Zelte auf seiner Wiese aufzustellen. Zeltaufbau in Ufernähe, da haben wir nicht so weit zu schleppen. Kocher anwerfen sparen wir uns heute, im Gasthaus mit preiswerter, guter Küche gibt es bestimmt was für hungrige Paddler. Das ist uns bekannt, da wir schon mehrmals bei Fahrradtouren hier eingekehrt waren. Wir sind unter wenigen einheimischen Gästen und werden nach dem „Woher" und „Wohin" gefragt. „Wir sind von Stuttgart nach Heidelberg auf Paddeltour" antworten

wir. Wo steht das Auto für das viele Gepäck will ein älterer Mann von uns erfahren. Keiner von uns hat ein Auto und wir sind mit der Bahn bis Stuttgart gefahren und den Neckar mit dem gesamten Gepäck in den Booten gepaddelt. , versuchen wir ihnen zu erklären. „Das ist doch nicht möglich, da sind doch viele Wehre" sagt der Andere. Auch das versuchen wir zu erklären. Dann kommt das bestellte Essen und es ist mal etwas ruhiger in der Runde. Bei so vielen Fragen wird der Abend nicht langweilig und es wird spät bis wir müde in die Schlafsäcke kriechen. Vom nahen Wald ruft ein Waldkauz sein schauerliches hohes bellendes „Kuwitt" in die dunkle Nacht hinaus. Geweckt werden wir am frühen Morgen mit Glockenschlägen, die sich nicht wie Kirchenglocken anhören. Ich öffne ein wenig den Reisverschluss des Zelteinganges und sehe im Dunstschleier Umrisse eines Schiffes unmittelbar vor uns. Mein Blick auf die Armbanduhr zeigt sechs Uhr, noch zu früh um aufzustehen und krieche zurück in den warmen Schlafsack, meine Nachbarin ist auch wachgeworden von dem Gebimmel. „Was war das? " , höre ich sie murmeln. „Nur eine Schiffsglocke" gebe ich zurück. Kaum wieder eingeschlafen ein paar Glockenschläge etwas weiter entfernt, dann genau vor uns wieder drei Schläge, das war die Antwort. Ich bin nun hellwach und es kommen noch einige für uns unverständliche Signale, denn um solche handelt es sich hier. Die Schiffsführer geben untereinander die Zeichen für das Kommando „Anker auf" und „Ich nehme Fahrt auf" die Signale für die morgendliche Weiterfahrt. Die Betriebszeiten der Schleusen sind von Sonnenaufgang – bis Sonnenuntergang. Wenn man zugrundelegt, dass ein Schleppverband so sechs bis acht/neun Kilometer in der Stunde zurücklegt abzüglich der Schleusenzeiten dann muss die Zeit genutzt werden um Termine einzuhalten. Kettengerassel vermischt mit Motorengeräusch ist ein Zeichen, dass der Schlepper mit seinem Anhang nun Fahrt aufnimmt und langsam in der Morgendämmerung entschwindet.
Am späten Vormittag machen wir uns auf das Wasser um die etwas über zwanzig Kilometer zum heimatlichen Bootshaus zu

bewältigen. Kaum im Boot nach siebenhundert Metern wieder umsetzen, der Weg ist 400 m lang, die Stauhöhe ca. drei Meter. Die Mauer und Turmbewehrte Stadt Hirschhorn mit der alles überragenden Burg betrachten wir heute nur vom Wasser aus. Weiter auf, von früheren Fahrten her bekannter Strecke, bis an das nächste Wehr Neckarsteinach, der Vierburgenstadt, umsetzen mit dem Dilsberg im Blick. Neckargemünd mit Mündung der Elsenz und Neckarbrücke danach die Linkskurve vor dem Königstuhl, auf dessen Lichtungen der rote Fingerhut blüht. Die Orte Schlierbach und Ziegelhausen, mit einer Brücke verbunden, ziehen sich die Hänge hinauf mangels Platz im engen Tal. Kloster Stift Neuburg auf einem sanften Hügel ist nach vielen Besitzwechseln heute wieder Benediktinerkloster.

Vor unserem Bug die Altstadtkulisse von Heidelberg, links das Karlstor und die großen Gebäude der Herrenmühle C. Genz und gleich sind wir am Wehr mit der kurzen Umtrage, wo wir einen Angler stören. Noch zehn Minuten zu paddeln und das WSC – Bootshaus ist erreicht. Ausbooten, ausladen, reinigen der Boote und ins Lager legen immer wiederkehrende Abschlussarbeiten sind fast das Ende jeder Tour. Ja wenn da nicht der „Brückenkopf" wäre wo noch ein oder zwei Bierchen getrunken und etwas gequatscht wird. So endet die erste größere Paddeltour am Sonntagabend. Wir stoßen an." Auf ein Neues, prost!".

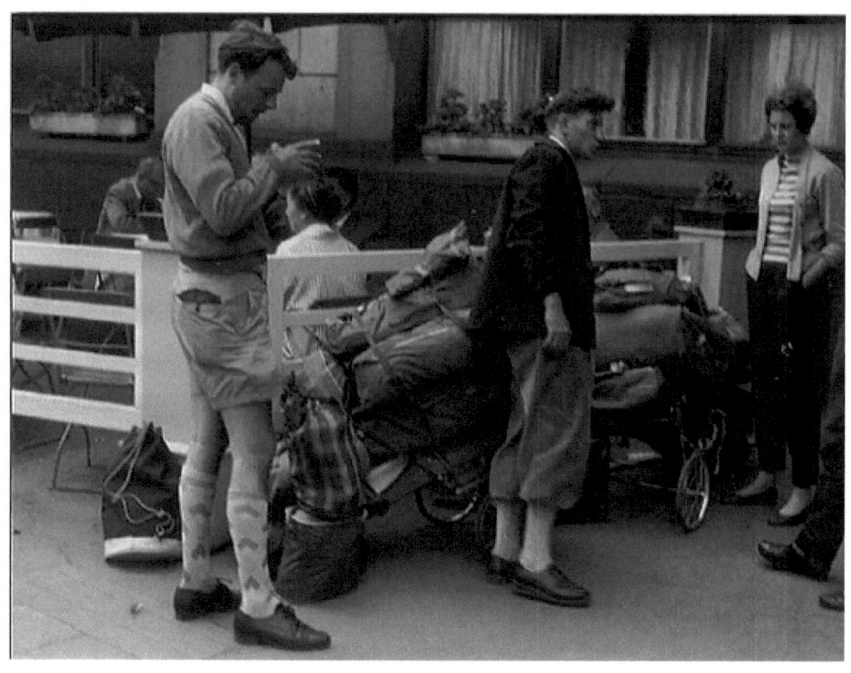

Warten auf den Zug

1958 Mosel (Wein) Tour

Zweihundertfünfzig Kilometer mit dem Faltboot.

Vorbereitungen:
Ein bis zwei Wochen vor Urlaubsbeginn werden die Ausrüstungslisten hervorgeholt und danach alles zusammengesucht vom
Boot, dem Transportfahrzeug bis zum Werkzeug, Bootswagen
und Leinen, Zelt mit Heringen, Schlafsäcke und Luftmatratzen
und was sonst noch alles auf der Liste aufgeführt ist. Nach dem
Urlaub wissen wir was Überflüssiges mitgeschleppt und nicht

gebraucht wurde. Das ist jedes Mal so und man wundert sich mit wie wenig auszukommen ist. Vor dem Abbauen werden Boot und Ausrüstung genau auf Schäden kontrolliert um Pannen unterwegs möglichst auszuschließen So kommt der Tag der Abfahrt in den vierzehntägigen Urlaub immer näher. Bei der Bahn erfahren wir die Zugverbindungen ins französische Saargebiet nach Merzig. Wo müssen wir umsteigen was benötigen wir zum Grenzübertritt? Umsteigen in Saarbrücken, Fahrpreis 11 Mark 40 und Zuschlag für den Schnellzug, die üblichen Fahrradkarten für die Boote und an der Grenze wird nur der Personalausweis benötigt. Noch Ausrüstung packen und am Vorabend der Abfahrt ist alles parat. Die Boote in den Taschen und auf den „Klepper" Wägelchen gut festgezurrt.

Sehr früh am Samstag rollen wir zu viert mit zwei Bootspacken zum Hauptbahnhof. Durch die Sperre, nach Kontrolle der Fahrkarten, passen die Wagerl gerade so hindurch. Der Dienstbemützte schaut uns mit strengen Blicken nach. Es ist nicht leicht die schweren Boote mit allem Gepäck die Treppen zum Bahnsteig hinunter zu wuchten. Nach einigen Minuten fährt der Schnellzug von München nach Paris auf Bahnsteig drei ein. Genau richtig der Packwagen hält vor uns, das konnten wir auch erkennen, da hier schon die gelben Postwagen und blaue Expressgutkarren stehen. Nun beginnt das schnelle Be- und Entladen von Fracht und Post, dann sind unsere Packstücke dran und schnell reingeschoben. „Ihr müsst in Saarbrücken umsteigen. ", sagt der Schaffner. „Ja, das wissen wir" gebe ich zur Antwort. Im Wagen nach dem Packwagen finden wir Plätze im 2. Klasse Abteil, wir, das sind Martha, Gunda, Heini und ich.

Aus den Lautsprechern eine blecherne Stimme." Bitte die Türen schließen und von der Bahnsteigkante zurücktreten, Vorsicht bei der Abfahrt!" Der Beamte mit roter Mütze pfeift durchdringend und hebt die Kelle. Der Zug setzt sich langsam in Bewegung um aus dem Weichen – und Schienengewirr des Hauptbahnhofes zu entkommen. Ratternd und zügig geht's über Friedrichsfeld und einen der größten Rangierbahnhöfen Deutschlands zum nächsten Halt nach Mannheim. Durch das heruntergezogene Fenster ist der schnelle Ladevorgang am Gepäckwagen zu beobachten. Lautsprecherdurchsage und durchdringendes Pfeifen und der schwere Zug setzt sich in Bewegung. Der Schienenweg führt westwärts über den Rhein mit Halt in Ludwigshafen. Weiter durch Industriegebiete, Felder, Wiesen und Weinberge und ohne Halt, aber mit verminderter Geschwindigkeit, durch den Bahnhof Neustadt/Weinstrasse, in den Pfälzer Wald geht die Fahrt. Nach kurzem Stop in Kaiserslautern, steigen bei einem außerplanmäßigen Halt am kleinen Bahnhof Bruchmühlbach Zoll- und Grenzpolizei ein, um auf der Weiterfahrt die Pässe zu kontrollieren. In Homburg/Saar müssen wir am Packwagen das Gepäck zollamtlich abfertigen lassen. Der französische Beamte macht eine lässige Handbewegung und sagt mit schnoddriger Stimme „Canoe" und das war's. Nach dreißig Minuten ist Saarbrücken erreicht und wir nehmen am Packwagen die Boote in Empfang, wechseln den Bahnsteig und warten auf den Personenzug nach Trier, den wir nach wenigen Stationen in Merzig wieder verlassen. Kurz ist der Weg bis zum Ufer der Saar. Zwischen Fluss und einem Sportplatz ein kleiner Campingplatz. Camping Municipal mit einfachsten Sanitäranlagen bestehend aus zwei Häuschen und einer verrosteten Außendusche. Ein einsames Zelt, daneben ein Opel mit Deutschem Nummernschild, und wir sind die einzigen Gäste. Kein Platzwart zu sehen und wir breiten uns schnell aus. Gleich Zelte aufbauen, denn es sieht nach Gewitter aus. Erster Abend in Frankreich, essen und trinken vom mitgebrachten Vorrat.

Am Morgen trocknet die Maisonne schnell die Überzelte. Ich gehe zum nahen Bäcker und hole frisches Baguette. Nach gemütlichem Frühstück werden die beiden Zweierfaltboote aufgebaut. Der Autofahrer nebenan sieht uns zu und fragt neugierig: „Wie seid ihr hergekommen, was macht ihr mit dem vielen Gepäck, das hier rumliegt?" Er kann nicht glauben, dass alles in den Booten verstaut werden soll. Gegen Mittag, die Boote liegen gepackt am

Saarufer hören wir kein Wort mehr von ihm. Merzig hat einige Sehenswürdigkeiten, die Kirche St. Peter deren Ursprung etwa um 1200 ist. In der Stadt einige Barockbauten, das Rathaus ursprünglich als Jagdschloss des Kurfürsten von Trier erbaut. Das zweihundertjährige Bürgerhaus heute evangelisches Pfarrhaus und die Hl.-Kreuzkapelle ebenfalls aus dieser Zeit.

Heute ist nur eine kurze Paddelstrecke vorgesehen. Mit mäßiger Strömung windet sich der Fluss, vorbei an bunten Wiesen, Feldern, Baumgruppen und kleinen Dörfern, durch das Bergland der Saarschleife zu. Zwei Fähren bei Besseringen und Dreisbach sind vorsichtig zu passieren wegen niedrig hängender Drahtseile. Mitten in der Saarschleife, der Wald reicht fast bis ans Wasser und bietet wenig Platz für den schmalen Fahrweg, finden wir die Kanustation Dor. Ein kleiner Zeltplatz auf dem rechten Ufer. Die Zelte aufbauen und die Kocher in Betrieb nehmen damit die Frauen ein Mittagessen zaubern können, was ihnen auf vorausgegangenen Fahrten auch geglückt ist. Am nächsten Tag Fußwanderung über die umliegenden Höhenzüge. Die Wanderwege rechts und links der Saarschleife sind gut markiert. Um den linken Höhenweg zu erreichen muss man über Dreisbach die Fähre benutzen um das andere Ufer zu erreichen. Das ist ein Umweg von einer halben Stunde. Vom linken Ufer ist die Aussicht besser auf das Flusstal. Die dichtbewaldeten Berge sind bis 300 Meter hoch. Anfangs geht der Weg steil hinauf, bis der Höhenweg zum Aussichtspunkt bei Orscholz erreicht ist. Der Ausblick auf die große Saarschleife entschädigt uns für den langen Fußweg bis hierher. Der Fluss kommt aus Südosten und fließt fast in gleicher Richtung weiter als wolle er dahin, wo er hergekommen ist. Es scheint nur so, nach dem Mettlacher Stau wendet er sich nach Norden, der Mosel zu. Unser Rückweg führt durch den Hochwald, nur wenige Sonnenstrahlen finden den Weg zum Boden, wo schwarze Käfer eilig unterwegs sind, Eichhörnchen klettern flink die Stämme hoch, wenn sie uns bemerken. Aus dem dichten Gebüsch macht sich ein Vogelschwarm auf und davon. Nahe einer Blumenwiese verläuft der Weg, gelbe und weiße Schmetterlinge flattern um uns herum, das Ufer ist erreicht. Das dunkle, fast schwarze Wasser kommt uns vor als würde es Kohlenstaub transportieren. Schwarz und dunkel der Himmel, kaum Wolkenlücken, es herrscht Gewitterstimmung. Nach einiger Zeit haben wir die Kanustation wieder erreicht. Zelte und Boote sind in einer windgeschützten Ecke des Platzes. „Ein frisch gezapftes Bier könnte ich nun vertragen" sagt Heini, wir stimmen zu und setzen uns an einen freien Tisch im Garten. Jeder ein kleines Helles und wir begeben uns zu den Zelten um noch eine Kleinigkeit zu essen. Die Gewitter kommen immer näher, Blitze zucken und der Donner grollt durchs Tal. Am Abend und in der Nacht regnet und gewittert es kräftig. Am Morgen hat der Wind den Himmel leergefegt und die Gewitter sind verschwunden.

Weiterpaddeln im Rückstau der Wehranlage. Aus Bootsperspektive erleben wir die Saarschleife mit den bewaldeten Bergen. Das Wehr Mettlach ist umständlich zu umtragen, die Boote müssen teilweise entladen werden um alles ins Unterwasser zu transportieren. Hier halten wir uns nicht auf, obwohl die Stadt sehenswert sein soll. Mit der Porzellanmanufaktur Villeroy und Boch und der tausendjährigen Geschichte wollen wir uns nicht befassen. Die Strömung ist nun flott und ohne Wehr bis zur Mündung in die Mosel. Zwei, drei Fähren erfordern unsere Aufmerksamkeit um nicht mit Seilen, Boyen oder Verankerungen in gefährliche Berührung zu kommen. Saarhölzbach, hinter der Brücke ein kleines Holzhaus, am Wasser ein Steg mit fast unleserlichem Schild: „Halt Douane". Es regnet vom grauen, trüben Himmel und ich bemühe mich gegen die Strömung anzulegen, doch der französische Grenzer winkt uns lässig weiter, ohne nur einen Fuß ins nasse Gras zu setzen. Einige hundert Meter weiter ein Schild. „Bundesrepublik Deutschland" steht einsam am Ufer im hohen, nassen Gras und von Grenzkontrolle keine Spur. Bedingt durch die vielen Gewitter der vergangenen Tage steigt der Wasserspiegel ständig und die Strömung nimmt immer mehr zu. In der Nähe der Fähre Serrig, auf einer kleinen, abgemähten Wiese, werden nach Rücksprache mit dem Fährmann, die Zelte aufgestellt. Der immer noch leichte Nieselregen erschwert diese Aufbauarbeiten. Zuerst werden die Überzelte aufgestellt um in deren Schutz weiter aufzubauen. So bleibt alles weitgehend trocken und die Boote werden unter dem Vordach entladen. Im Dunst erkennt man über dem Ort die Burg Saarfels, auf dem linken Ufer die gotische Hallenkirche aus dem 12. Jahrhundert.

Nächster Tag, ein Mittwoch, auf der schnellfließenden Saar, die Sonne scheint vom fast wolkenlosen Himmel. Ort an Ort folgt am Ufer, mal links mal rechts und wir paddeln flott weiter in Richtung Mündung in die Mosel. Der Wasserstand ist noch hoch und trüb-braun-schwarz, Saarburg, die größte Ansiedlung in dieser Gegend, Ockofen, Wiltingen und die Hammer Fähre liegen schnell hinter uns. Ohne Spuren zu hinterlassen paddeln wir weiter. „Wenn ich das nicht aufschreibe wird später niemand erfahren, dass wir, Gunda, Martha, Heini und ich jemals hier waren." Sage ich zu den Mitpaddlern während einer Paddelpause, wo wir uns von der schnellen Strömung treiben lassen. Nur Tauben, Amseln und Elstern fliegen von Ufer zu Ufer, keine Wasservögel zu sehen, kein Wunder bei der trüben Brühe. Der Fluss hat eine Breite von 40 bis 60 Meter mit vielen Kurven und der Wasserstand geht nun zurück bei immer noch hoher Fließgeschwindigkeit. Bei Wanderfahrten haben wir uns einen Zeitplan angewöhnt, der etwa so abläuft: Zwischen sieben und acht Uhr aus den Schlafsäcken kriechen, bis zehn Uhr abfahrbereit sein, das bedeutet alles verpackt zu haben um starten zu können. Dann zwei, maximal drei Stunden paddeln (je nach Gewässer und Wasserstand), eine Stunde Pause und dann nochmals zwei Stunden die Paddel schwingen. Wenn der Platz zum Zelten vorher nicht bekannt ist muss rechtzeitig und frühzeitig, auch abhängig von dem Flusscharakter und Wetter, eine Zeltmöglichkeit gesucht werden. So ist eine durchschnittliche Tagesleistung von 20 bis 50 Kilometer möglich. Das kann nach Absprache und Interessen, eigenen und der Mitpaddler, geplant und gestaltet werden und lässt sich noch während der Tour ändern und anpassen. Aber wir können nicht so einfach wie die Fahrradtouristen noch mal zurück, weil wir uns mit der Strömung dem Reiseziel nähern- und zurückpaddeln gegen den Strom ist sehr anstrengend und zeitraubend und oft nicht möglich, jedenfalls nicht auf dem Wasserweg. Gegen Mittag ist die Mündung in die Mosel fast erreicht, es kann nicht mehr weit sein und ich halte Ausschau nach einer Möglichkeit um eine Pause einzulegen. Da ruft Heini, der mit Kajakfrau Martha etwas voraus ist: „hier ist eine kleine sandige Bucht, die reicht für zwei Boote" und er dreht bei zum Anlanden. Ich folge seinem Beispiel und drehe unseren schwerfälligen Kahn mit dem Bug gegen den Strom. Ein guter kleiner Platz, wahrscheinlich die letzte Möglichkeit vor Trier, was sich später als richtig erweisen sollte. Wir machen es uns auf der kleinen Wiese für eine halbe Stunde gemütlich. Später auf schnellem Wasser, vorbei an Konz, dem Ort an der Mündung und die Saar liegt hinter uns und ist Vergangenheit.

Die Mosel hier mehr als doppelt so breit wie die Saar trägt die Boote schnell weiter. Einige Zeit ist noch das dunkle Saarwasser zu erkennen bis es sich mit dem viel helleren Moselwasser vermischt hat. Erste Häuser von Trier in einiger Entfernung sind zu erkennen. Rechts und links Uferbaustellen für die Staustufe, die hier entstehen soll. Da sehen wir ein Stahlseil in drei Meter über dem Wasserspiegel daran ein großes Schild, rot-weiß-rot mit der Aufschrift: „Gesperrt- keine Durchfahrt" und am rechten Ufer: Achtung, Lebensgefahr! Sportboote rechts umsetzen. Vom Boot aus können wir die Baustelle mit Kranen, Baggern und Spundwänden sehen. In Flussmitte strömt das Wasser glatt durch, wir trauen uns nicht und tragen lieber um. Aussteigen an der von einer Baufirma eingerichteten Umtrage. Heini geht vor um den „Weg" zu besichtigen und ist bald wieder zurück und berichtet: „Nicht gut aber machbar" sagt er. Bootswagen raus, schwere Gepäckstücke tragen die Frauen einzeln durch die Baustelle, gehen den Weg zweimal und wir mühen uns ab mit schieben, ziehen und heben. Nach einer guten halben Stunde besteigen wir die Boote um die letzten Kilometer zu paddeln. Kaum sitzen wir drin, sehen wir erstaunt wie ein Paddler im Einerfaltboot durch die Baustelle kommt. Der paddelt mit einem freundlichen „ahoi" an uns vorbei.

An der Moselinsel mit DKV-Paddler-Zeltplatz landen wir an um nach der Anmeldung beim Platzwart das Lager zwischen bereits stehenden Zelten aufzubauen. Wir geben uns viel Mühe und nach sorgfältigem Aufbau, zwei Nächte sind eingeplant, gibt es Kaffee und Butter-Kekse. Mit Tischen und Bänken am Platz ist das schön gemütlich. Gegen Abend schlendern wir vier über die alte Moselbrücke mit ihren vielen Steinernen Bogen. In der Abendsonne bietet sich uns ein schöner Blick über den Fluss auf den Moselkran und die zweitausendjährige Stadt. Nach dem Sonnenuntergang nutzen wir den lauen Abend um in einem der kleinen Fischrestaurants am Moselufer auf der Stadtseite einzukehren. Hier gibt es vier Moselfischle in reichlich Öl gebacken für Einszwanzig und der Schoppen Moselwein zu einer Mark, gerade genug für unseren schmalen Geldbeutel. Heute Nacht habe ich einen guten Schlaf, wenn ich auch nicht gleich einschlafen kann, da etwas unter oder neben dem Zelt herumraschelt eine Maus oder ähnliches Getier. Die angenehmen Kleinigkeiten des Morgens sind die einfachen, sauberen Waschanlagen auf dem Platz und um halb neun bimmelt der Bäcker, der mit Fahrrad und Anhänger Brot, Brötchen und Gebäck hier anbietet. An diesem warmen Maitag machen wir einen Stadtbummel. Das älteste Bauwerk in der ältesten Stadt Deutschlands ist die im vierten Jahrhundert durch die Römer erbaute Porta Nigra. Der Hauptmarkt mit Dom, der ältesten Kirche Deutschlands und die Liebfrauenkirche, als Nebenkirche des Domes, sind weitere Anziehungspunkte nicht nur für Faltbootreisende. Die Kaiserthermen mit riesigen Mauern, die vielen Kirchen und alte Baudenkmäler interessieren uns nur am Rande. Der Bummel über den Wochenmarkt und durch einige Geschäfte endet mit staubigen Schuhen und müden Füßen in einer, wie sollte es im Urlaub anders sein, urigen Gartenwirtschaft. Ein Bier für jeden zu fünfzig Pfennig leisten wir uns hier, um dann gestärkt und mit vielen neuen Eindrücken auf den Inselzeltplatz zurückzukehren. Die Frauen bereiten das Abendessen vor, Heini und ich setzen die Kocher in Betrieb, nach vorwärmen des Brenners mit Spiritus, kräftig pumpen und anzünden. Die Kartoffeln werden gekocht, dazu gibt es Salat, frisch von Wochenmarkt mitgebracht, und Bratwürste aus der kleinen Metzgerei unweit vom Platz. Ist gut zu machen mit nur einer Kochstelle, so muss täglich etwas Neues improvisiert werden in der Faltboot-Campingküche. Die Kocher stehen am Boden mit Windschutz so kann auch fast nichts herunterfallen.

Der Ruhe- und Besichtigungstag ist Vergangenheit, die Boote schwimmen auf der Mosel, die ihr Wasser aus Frankreich zum Rhein und weiter in die Nordsee verströmt. Kleinschiffe, Motor- und Ruderboote erfordern zeitweise unsere ganze Aufmerksamkeit. Die, noch nicht kanalisierte Mosel, ist nun Bundeswasserstrasse und deren Regeln sind zu beachten. Die Staustufe Koblenz war schon vor dem Krieg fertiggestellt, Konz ist gerade im Bau und viele weitere werden folgen um Saar und Mosel bis zum Rhein mit dem Europa Schiff unabhängig vom Wasserstand befahren zu können. Ein weiterer Fluss nach Main und Neckar der in einer Kette von Stauseen endet. Flotte Strömung, Pfalzel und die Ruwermüdung verschwindet hinter unserem Kielwasser. Schweich grüßt vom linken Ufer. Rechts und links Weinberge, „der Wein müsste hier billig sein, bei den Mengen" bemerkt Heini, dazwischen Felder, Wiesen mit Kühen und mal Wald oder steile Felsen mit Weinstöcken bis zum Wasser. Da bleibt wenig Platz für die Uferstrassen. Die Weinlagen dieser Region sind „Mosel-Saar- Ruwer" und weithin bekannt für gute Qualität. Die grobe Flussrichtung verläuft in vielen Kurven und Schleifen in nordöstlicher Richtung. Nördlich, die bis zu vierhundert Meter hohen Moselberge südlich der Hunsrück, der auf mehr als siebenhundert Meter ansteigt. Süd- und Nordhänge des teilweise engen Tales sind bewachsen mit Reben bekannter Weinlagen, seit der Römerzeit. Alte Städte, Bauern und Winzerdörfer, die ihre Bekanntheit den Weinlagen verdanken, haben sich an den Hängen und im Tal breit gemacht.

Dank guter Strömung, viel Sonne und kaum Wind bleibt Zeit sich gemütlich im Paket, Bordwand an Bordwand flußab treiben zu lassen. Nur ab und an muss mit Paddelschlägen rechts oder links eingegriffen werden um im Stromstrich zu bleiben. Am Gasthaus „Schweicher Fähre" entdeckt Heini mit seinen Luchsaugen, geschult als Vermessungstechniker, einen angenehmen Rastplatz. Paket lösen und am Ufer gegen den Strom anlanden in einer Sandbucht, wo einige Enten wegen uns die Flucht ergreifen. Im nahen Gasthaus kaufen wir Moselwein mit dem klingenden Namen „Avelsbacher" in der Literflasche 2.55 einschließlich dreißig Pfennig Pfand, je Besatzung zwei Flaschen. Vorschlag von Heini eine heute Abend trinken und eine mit nach Hause nehmen, immer zwei kaufen und eine mitnehmen, denn so sagte der Winzer: „Moselweine sind bis zu vierzig Jahre haltbar". „mal sehen wie schnell der ausgetrunken ist, der wird den Weg bis an den Neckar nicht überstehen" sagt Gunda überzeugend. Nach ausgiebiger Pause hat uns die Strömung wieder im Griff. Mal paddelnd, mal treibend geht es zügig voran, vor Mehring am Nordufer begleiten steile Felsen unsere Fahrt. Nach der Mehringer Brücke und noch vor Detzem will ich am rechten Ufer nach einer Zeltmöglichkeit suchen. Nah am Ufer entlang paddeln um einen günstigen Platz zu finden. Die erste Stelle erweist sich als nicht geeignet. Langsam weiter um bei nächster Gelegenheit anzulanden. Zwischen Uferschilf Gras entdecke ich eine geeignete versteckte Stelle. Anlanden und aussteigen, Gunda hält das Boot mit geübtem Griff im Schilf. Die dahinterliegende Wiese ist gut, war mal Kuhweide ist unschwer zu erkennen und nicht einzusehen. Gut für eine Nacht entscheide ich sofort, die anderen sind damit einverstanden. Bald stehen die Zelte in der Wildnis an der Obermosel. Fünfzig Meter dahinter beginnt der Wald, auf der leicht abfallenden Wiese einige alte Obstbäume, überragt vom 330 Meter hohen Alsberg. Der Platz ist, auch von der anderen Flussseite, nicht einzusehen. In der Dämmerung zieht ein Rudel Rehe über die Wiese und verschwindet im nahen Wald. Kuckuck und Waldkauz rufen durch die anbrechende Nacht und in den Gläsern glänzt der Moselwein im Schein der Petroleumlampen. Die Lichter von Schleich und Detzem wollen dem Sternenhimmel Konkurrenz machen. Für die Nacht muss alles Essbare so verstaut werden, dass weder Mäuse, Ratten, Igel oder andere Nagetiere daran kommen können.

Ein schöner Morgen dämmert herauf, es dauert lange bis erste Sonnenstrahlen hierher finden. Der Osthang hält alles ab. Der Morgennebel liegt noch einige Zeit über dem Wasser. Es ist frisch an diesem Morgen und wir kommen spät gegen elf Uhr auf den Fluss. Schleich, Detzem, Thörnich mit Fähre, aufpassen wegen des Fährseiles, Klüsserath, alles kleine bekannte Weinorte deren Namen vom Fluss aus gut sichtbar sind, da an Mauern von Weinbergen oder Kellereien angebracht. In Trittenheim wo die Weinlage „Trittenheimer Altärchen" hoch am Berg weithin sichtbar angezeigt wird, legen wir zur Rast am Gasthof Leikauf kurz vor der Straßenbrücke an. Dabei ist es wichtig den Weinvorrat bei dieser guten Gelegenheit zu ergänzen nach unserer Devise zwei kaufen und eine mit nach Hause nehmen! Zwei Flaschen lassen sich gut rechts und links vom Sitz unterbringen. Dank der ständig verbesserten Ladekunst scheinen wir mehr Raum in den Booten zu bekommen. Wir haben an keinem unserer Plätze etwas zurückgelassen, denn so wie es angetroffen wird, wird es auch wieder verlassen. Die Mosel trägt uns schnell weiter vorbei an Neumagen, alter römischer Weinort, an der Hochseilfähre die DKV-Station Gasthof Post mit Metzgerei und Campingplatz, ist uns zu groß und viel Rummel. Noch ein paar Kilometer weiterpaddeln, wir sind zeitig dran und finden bestimmt noch ein schönes Plätzchen. Bald kommt Piesport in Sicht, der kleine Zeltplatz rechts unterhalb der Brücke, da steigen wir mal zur Besichtigung aus. Das Gasthaus „Zum Goldtröpfchen" mit Terrasse und Weinstube unmittelbar daneben. Kurzentschlossen entscheiden Heini und ich hier zu bleiben. Es ist zeitig am frühen Nachmittag und sehr warm, fast hochsommerlich Ende Mai.

Weinberg im Moseltal

Piesport ein alter Ort im Talkessel gelegen zwischen Hausenberg, Thomasberg und im Norden der Hüttenkopf alle um vierhundert Meter hoch und umgeben von Weinbergen mitten im Ort die Pfarrkirche. Platzgebühren eine Mark pro Person und fünfzig Pfennig fürs Zelt, die sind fast überall etwa gleich. Da kann sich der Paddler abends noch ein Viertele für ein bis zwei Mark leisten. Morgens und mittags trinken wir Tee oder Kaffee. Gasthaus und Weinstube muss am Abend besucht werden. Der mitgeführte Weinvorrat geht auch zur Neige und sollte ergänzt werden, es zeichnet sich jedoch schon jetzt ab, dass höchstens eine Flasche die Fahrt nach Hause überstehen wird. Na warten wir mal ab. Der nächste Tag beginnt mit Nebel im Tal, was wieder einen sonnigen Urlaubstag verspricht. Leinwandvillen und Fortbewegungsmittel werden startklar gemacht, der Nebel ist verschwunden. Mit Faltbooten ist leichter vorwärts zukommen als früher mit Flößen oder Holzkähnen. Alte Treidelwege zeugen noch heute davon wie in früheren Zeiten kleine Schiffe von Pferden oder Bootsknechten Tage- oder wochenlang hochgezogen (getreidelt) wurden. Unsere Tour geht weiter stromab viele Kurven und die kleinen oder größeren Orte sorgen dafür, dass es uns nicht langweilig wird. Die Namen der Weinlagen kann man sich unmöglich alle merken, Wehlener Sonnenuhr, Lieser Schlossberg, Pfarrberg oder Tiergärtner und viele mehr. Die Berge immer noch nahe am Fluss und zwischen drei- und vierhundert Meter hoch. Was uns aus Faltbootsicht nicht so vorkommt. Die Bahnstrecke verläuft weitgehend hinter den nördlichen Höhenzügen. Mit Strömung und paddeln kommen wir auf acht bis neun Stundenkilometer und so lassen wir Wintrich, Kesten, Mühlheim und Lieser schnell hinter uns. Vor der Brücke von Bernkastel legen wir nun links am gebührenfreien Städtischen Campingplatz an. Erst Mittagspause, dann Stadtbesichtigung mit kurzem Rundgang, und Wein einkaufen? Fachwerkhäuser, Kurfürstliche Kellerei und Amtsgebäude, mittelalterlicher Marktplatz mit Brunnen und Pfarrkirche. Weinstuben, Gasthäuser, Hotels und Andenkenläden säumen die Hauptstrasse. Alles überragt von der

Burgruine Landshut mit Bergfried und Torbau mit schönem Blick über Stadt und Moseltal. Kehren wir zurück zum Platz an der Brücke und ruhen uns etwas aus um dann wieder die Paddel zu schwingen. Hier sind einige Boote und Zelte, aber auf dem Fluss haben wir seit Trier noch keine Paddler getroffen. Eine Hängebrücke überspannt den hier etwa 150 Meter breiten Wasserlauf. Oben zwischen den Weinbergen meterhohe Schrift leuchtend weiß: „Wehlener Sonnenuhr". Nach Wehlen kommt Zeltigen und Ürzig mit bekannten Weinlagen und an jeder Stelle könnte man aussteigen und Weine probieren oder einkaufen, aber erstens ist unser Frachtraum begrenzt, zweitens trinken wir nicht so viel und drittens bringen wir nichts davon mit nach Hause. Bei Kröv, wo die Mosel durch den Fieberberg nach Süden abgedrängt wird wollten wir eigentlich übernachten. Heini und ich verpassen den Ausstieg vor der Brücke. Paddeln wir noch einen Kilometer weiter zum Platz bei der Fähre und Klosterruine in Wolf, der ist klein aber fein. Alles gut aufbauen am nächsten Tag ist Ausflugstag in die nähere Umgebung. Vom nördlichen Ufer leuchtet die Schrift: „Kröver Nacktarsch" zu uns herüber.

Nächster Tag mit Sonne, dünne Dunstschwaden über dem Wasser, und der Bäcker hupt mit seiner Kastenente, es gibt frische Brötchen, auch bei uns. Heute ist Waschtag beschließen die Frauen, Heini und ich machen Zelt und Bootsreinigung mit Schwamm und Bürste. Schlafsäcke und Luftmatratzen raus zum Lüften, dazu haben wir mit vier Paddeln und einer zehn Meter Leine eine Aufhängemöglichkeit für Wäsche und Schlafsäcke geschaffen, geht ganz einfach, wenn man weiß wie. Bevor wir uns am Mittag auf den Weg machen wird alles wieder in den Zelten verstaut. Eine halbe Stunde auf dem Treidelpfad ist es bis Traben-Trarbach erfahren wir vom Fährmann. Vorbei an der Klosterruine Wolf führt der staubige, unebene Pfad, der selten breiter als ein Meter ist, flussabwärts. Gesäumt von Büschen die zeitweise den Blick aufs Wasser versperren. Auf den Wiesen zur Bergseite Obstbäume, Apfel, Birne und Kirsche, dahinter am Hang die Weinberge. Bienen, Hummeln und Schmetterlinge schwirren über die bunten Wiesen oder tanzen uns vor der Nase herum. Motorengeräusch eines Traktors „typisch Lanz-Bulldog" sage ich, als wir dem Geräusch näher kommen sehen wir den Traktor zu Pumpzwecken am Ufer, um mit zentimeterdicken Rohren Wasser aus der Mosel zu pumpen und es ist ein Allgeier-Traktor. Mit staubigen Schuhen kommen wir in der Doppelstadt und Zentrum des Weinhandels der Mittelmosel an. Über dem Ortsteil Trarbach die Ruine Grevenburg. In der Flussschleife zwischen Wolf und Enkirch die Reste, die 1686 durch Ludwig XIV angelegte Festung „Mont Royal" die elf Jahre später fast gänzlich abgerissen wurde, sind heute nur Teile der Grundmauern erhalten. Die Orte ringsum mit ihren alten Fachwerkhäusern sind umgeben von Weinbergen und liegen in windgeschützten Tälern, die von der Sonne ordentlich aufgeheizt werden. Der Rückweg führt uns auf der anderen Flussseite über Kröv, das mit sechs anderen Dörfern bis Ende des 13. Jahrhunderts das reichsunmittelbare Kröver Reich bildete. Hier bewundern wir schöne Kloster- und Adelshöfe, den Echternacher Hof, den Kesselstädter Hof und das Dreigiebelhaus. „Das Einkaufen nicht vergessen" sagt Martha zu Gunda. Anschließend noch eine Weinprobe bei einem Nebenerwerbswinzer, den Heini ausfindig gemacht hat. Dreißig oder gar vierzig Stufen geht's in den etwa 14 Grad kühlen Keller hinunter. Einige Sorten probieren wir und kaufen einen Karton Nacktarsch, sechs Flaschen zu 2,40 der Liter. Martha fragt: „mal sehen wie wir die in den Booten unterbringen?" Auf dem Weg zum Platz sorgt das Thema Wein noch für Gesprächsstoff.

„Martha, gib mal die drei Nacktarsch her" sagt Heini anderntags beim beladen seines Zweiers zu Martha. „Habe noch mehr Platz für Wein, für 2,40 hätte ich noch drei mitnehmen können, hole ich unterwegs nach" höre ich ihn sagen. Die Strömung trägt die schweren Boote leicht flußab. „Die drei Flaschen machen sich nicht bemerkbar" sagt Gunda, meine Schlagfrau, Schlagfrau daher, dass ich meine Schlagfrequenz nach ihr richten muss, damit wir uns nicht gegenseitig behindern. Schnell passieren wir Enkirch, das alte Fachwerkstädtchen auf dem rechten Ufer, wo auch eine Staustufe mit 7,5 Meter Fallhöhe entsteht, dann ist es aus mit Strömung und freier Fahrt für Paddler. Nur dreißig Minuten und Pündrich und Briedel, Vorsicht Fähre, sowie die Ruine Marienburg über der Moselschleife, liegen hinter uns. Kinder winken uns vom Ufer aus zu, wir winken zurück. Bei Strömung und leichtem Rückenwind Paketfahren und treiben lassen macht zwischendurch auch mal Spaß. Der Westwind ist weniger erfreulich lässt schlechteres Wetter erwarten, die Sonne macht auch öfter mal Pause und versteckt sich hinter den nun dunkeln Wolken. Den Wetterbericht lesen wir am Himmel ab und manches erfahren wir von Einheimischen, Fährmann oder Winzer, die wissen immer wie es um das Wetter bestellt ist. Große Flussschleife mit Brücke am alten Moselstädtchen Zell treiben wir mit fünf Stundenklometern vorbei. Wieder paddeln damit das angepeilte Tagesziel nicht so spät erreicht wird. Es geht flott vorwärts, die Weinlage „Zeller Schwarze Katz" ist weit hinter uns. Keine vier Stunden im Boot da kommen die Bullayer Brücken in Sicht. Beim Gasthaus Palzer mit Zeltplatz wird ein sauberes Anlegemanöver gemacht. „Schon geschafft" sagt Heini und Martha: „das war aber ein kurzer, schneller Trip" „war auch Zeit der Himmel ist grau und wolkenverhangen, wir sollten eiligst die Zelte stellen" hören wir von Gunda. Sie hat recht es könnte bald regnen.

In Alf und Bullay ist ein Zwischenstop für den nächsten Tag, einen Mittwoch eingeplant. Bei der Gaststätte ist die Ausrüstung sicher und gut aufgehoben. Zeltgebühren und Weinpreise für Paddler erschwinglich. Wir sind allein hier, denn im Mai ist noch keine Ferienzeit, deshalb sind wenig Paddler unterwegs. „Im Juli und August bekommt ihr kaum einen Platz hier" sagt uns der Wirt bei der Anmeldung. Der Blick über die Mosel fällt direkt auf die Burg Arras im Alftal. Bullay und Alf sind reizvolle kleine Städtchen im engen Tal umgeben von Weinbergen. Zwischen den Rebstöcken herrscht emsiges Treiben der Weinbauern beim Unkraut jäten und beim Schneiden der Rebstöcke. Heini und ich kümmern uns um die Boote und Ausrüstung. Die Frauen machen sich an den Kochern nützlich, dazu haben wir sie mitgenommen. „Was gibt`s bei uns?", frage ich Gunda." Siggis Nudeltopf" höre ich sie antworten. „Das sind Hörnchennudeln mit Cornedbeef, Champignons aus der Dose und gut gewürzte Soße" weiß ich als Antwort. Bei Nachbars etwas ähnliches, Spagetti mit Tomatensoße, Cornedbeef und Salat. Na denn „Guten Appetit" sage ich als wir uns auf den primitiven Sitzgelegenheiten niederlassen. „Bei der nächsten Paddeltour" sage ich, „nehmen wir einfache Klappstühle und einen Sportberger Rolltisch mit." „Der Tisch ist recht teuer, ich glaube so um die dreißig Mark" meint Heini. „Ist aber gut" sagt Gunda. „Die Stühle können zuunterst hinter den Sitzen untergebracht werden, der Tisch lässt sich vorn verstauen." Sage ich, das sind meine Vorschläge. Am Abend, es ist immer noch trüb, versuchen wir den Weinvorrat zu verkleinern, was auch erfolgreich gelingt.

Regentag, Ruhetag bei leichtem Nieselregen, die Überdächer halten die Nässe ab. Die Paddeljacken aus grauem gummierten Leinen sind dicht „Klepperdicht" wie die Werbung verspricht. Gegen Mittag regnet es langsamer, hört dann ganz auf. Der Weg über die Brücke auf die andere Flussseite führt weiter durch das reizvolle Alf, wo der gleichnamige Bach einmündet, geht steil hoch durch Weinberge, so kommt man auf die Marienburg. Ohne Regen, kaum Sonne, aber trocken erreichen wir den Aussichtspunkt. Hier blicken wir viermal auf die Mosel, nach Norden in Richtung Aldegund, im Süden Reil und Enkirch und zweimal die Moselschleife Zell. Alles überragt von über 400 Meter hohen Gipfeln mit Wald und Reben. Eine eindrucksvolle, herrliche Aussicht, wenn auch das Wetter nicht so mitspielt. Wie wird das aussehen, wenn in einigen Jahren die elf Stauhaltungen zwischen Saar und Koblenz fertig sind, um es 1500 Tonnen Schiffen zu ermöglichen bis nach Frankreich zu fahren.

Die Deutschen Weinbaugebiete wurden vor zweitausend Jahren von den Römern angelegt. Mönche, vor allem Zisterzienser, betrieben mehr als tausend Jahre den Weinbau. An der Mosel wächst der Wein meist an Südhängen. Steile Schieferhänge bieten optimale Bedingungen, da die Sonnewärme lange gespeichert wird. Überwiegend werden Müller-Thurgau und Riesling Reben angebaut.

Das Wetter hat sich gut gehalten, bewölkt und lebhafter Westwind, ab und zu mal Sonne. Nur unsere Zelte stehen noch am Platz, die Paddler, die spät am gestrigen Abend noch gekommen waren sind schon weiter gezogen. Wir packen am nächsten Morgen und sind kurz nach zehn Uhr auf dem Fluss unterwegs. Ein kleiner Schlepper mit Bauschiff hintendran müht sich gegen die Strömung bergauf. WSA Koblenz steht am Heck, ein Arbeitsschiff vom Schifffahrtsamt. Wenige kurze Wellen lassen uns auf und ab schaukeln. St. Adelgund, Neef und Bremm alles kleine Weinorte an denen wir vorbeikommen. In einer scharfen links- rechts Kurve Stubben. Dann baut sich vor uns der steilste Weinberg an der Mosel auf, der Calmond fast vierhundert Meter hoch. Eisenbahn – und Straßenbrücke bei Eller überragt vom Ellerberg und Hochkessel. Flussschleife an Flussschleife immer um die Berge herum. Weinorte mit Gasthäusern, Weingütern und kleinen Zeltplätzen reihen sich am Fluss auf und laden zum Anlanden ein. Zur Mittagspause an der Wagenfähre beim Gasthaus mit Zeltplatz anlanden in Beilstein. Das geht an einer flach ins Wasser abfallenden Rampe einfach und bequem. Ich steige aus und muss dabei ins flache Wasser, das Boot festhalten um die Kajakfrau aussteigen zu lassen. Hört sich einfach an, ist es auch, aber dennoch gehört einige Übung dazu. „Beilstein mit der Burgruine Metternich ist eines der schönsten Moseldörfer" sagt Heini und nach ausgiebiger Stärkung wollen wir einen Rundgang machen. Nach einer Stunde sind wir zurück, nicht ohne den Weinvorrat ergänzt zu haben. Kurvenreich umgeben von Wald und Rebenhängen windet sich unser nasser Weg gegen Nordosten mit leichtem Schiebewind, der uns bei der Weiterfahrt hilft. Um eine Rechtskurve, Burg und Stadt Cochem erheben sich am linken Ufer der Zeltplatz nach der Brücke lädt zum verweilen ein. Altes Spiel, anlanden, aussteigen, herausheben, anmelden und aufbauen und immer Tag für Tag das gleiche Ritual. Das Lager steht schnell auf dem uns zugewiesenem Platz. Die einzigen Gäste mit Booten sind wir hier nicht, einige Faltboote, Einer und Zweier, zwei große Holzruderboote vom RV Bonn, so steht`s am Heck, waren schon vor uns hier. Früh am Nachmittag wird das Kreisstädtchen mit der völlig erhaltenen Reichsburg besucht. Von da oben ist der Blick über Stadt, Fluss, Wein- und Waldberge, trotz trüben Wetters beeindruckend. Wieder im Ort, wo reger Fremdenverkehr ist, laden Geschäfte, Weinstuben und Andenkensläden zum Einkauf geradezu ein. Wir üben uns in Zurückhaltung aus Platz- und Geldknappheit. Nicht zu vergessen, die Transportkapazitäten sind auch nicht üppig mit vier Personen in zwei Paddelbooten. Am Abend sitzen wir mit den anderen Paddlern aus Duisburg, Koblenz und Essen zusammen beim bei einem Gläschen Wein. Es wird erzählt und geschwätzt auch über die bevorstehende Kanalisierung der Mosel, die dann Europaschiffe aufnehmen kann. Von Trier bis Koblenz entstehen in den nächsten Jahren elf neue Staustufen mit Schleussenkammern, Kraftwerken, Bootsgassen und Umtragestellen. Aus dem freifließenden Fluss wird im Laufe der Jahre eine Kette von Stausseen.

Ab Cochem ist der Fluss, bei dem guten Wasserstand der uns die ganze Strecke begleitet, immer noch fünf bis sechs Stundenkilometer schnell. Unser Vorteil und kraftsparend bei schnellem Vorwärtskommen. Sehr früh, gegen neun Uhr sind die Boote zu Wasser gebracht und schwimmen wieder. Der Unterlauf ist breiter und hat nicht mehr so viele Kurven. Links Klotten überragt von der Ruine Koraidelstein, gleich verschwindet das Fachwerkstädtchen hinter unseren Heckwellen. Pommern, alter Ort keltischen Ursprungs, und einige Zeit später zwischen Weinbergen und bewaldeten Höhenzügen Trais mit zwei Burgruinen. Der Weinort ist im engen Tal nahe ans Ufer gebaut, das bedeutet Hochwassergefahr für Keller und ebenerdige Wohnungen. Hochwassermarken sind in fast allen Moselorten zu finden an Häusern, Brücken und Uferschutzbauten, da sind Marken von 1896, 1924, 1948 und noch mehr angebracht. Bald nach Müden, wo auch ein Stau entsteht, die Bauarbeiten haben schon begonnen, ist das Tagesziel erreicht die Kanustation „Zum Anker" mit Zeltplatz, Wasserstelle und Kiosk. Kaum sind die Zelte aufgestellt regnet es mal wieder vom grauen Himmel. Moselkern an der Mündung des Eltzbaches gelegen, der in der Voreifel oberhalb Monreal sein Quellgebiet hat. Bei dem schlechten regnerischen Wetter lässt es sich unter den Überdächern einigermaßen aushalten. Nach einiger Zeit finden wir aber den Platz in der Gaststube gemütlicher. Der Schoppen ist ab einer Mark zu bekommen. Maikühl ist der Abend aber in den Schlafsäcken kann man die Nacht überstehen. Am nächsten Tag ist der Himmel noch grau verhangen und wir machen uns auf den Weg ins wildromantische Tal der Eltz. Der rauschende Bach zwischen steilen mit Eichen, Erlen und Buchen bestandenen Hängen. Auf Steinen und Stämmen Moose und Flechten und eine samt Wurzel umgestürzte Fichte liegt über dem schmalen Pfad. Nach über zwei Stunden Fußmarsch weitet sich das Tal und die Burg Eltz mit Türmen, Giebeln und vielen Fenstern baut sich vor dem Wanderer auf. Das mittelalterliche Bauwerk ist seit 1160 im Besitz der Grafen von Eltz, sie wurde nie zerstört. Dunkle Wolken veranlassen uns den Rückweg anzutreten und es fängt an zu regnen, die Klepper-Paddeljacken und die Schirme halten das meiste Wasser von oben zurück. Ein Eichhörnchen huscht einen Baum hoch und ein Specht hämmert im Gleichtakt irgendwo in die Baumrinde seine monotone Melodie. Eine Kirchturmuhr schlägt zweimal vier Schläge, vier Uhr Mittag gleich ist Moselkern erreicht. Regenwasser tropft nur noch von den Bäumen, erste Hausdächer glänzen durch die Baumlücken. „Es wird Zeit für eine Einkehr", sagen Martha und Gunda. Der Regen hat aufgehört, als wir unter den Überdächern beim Kaffee sitzen. „Heute Abend wird nicht selbst gekocht wir gehen ins Gasthaus Anker am Platz" sagt Heini, wir stimmen alle zu, es ist einer der letzten Urlaubstage und schlechtes Wetter und im Haus gemütlicher. Die Speise- und Getränkekarte ist zwar bescheiden aber preiswert.

Ein Bier 50 Pfennig, der Schoppen von vierzig bis einsfünfzig, Wurstbrot 60 Pfennig, Käsebrot 50 und 1 Paar Würstchen mit Kraut 1.20 um nur einiges zu nennen. Knarrende Holzdielen, Holzvertäfelung an den Wänden große, alte Holztische und Stühle mit bunten Kissen. Der Tresen mit Zapfanlage und der große runde Stammtisch, wo Einheimische versammelt sind, und für uns unverständlich durcheinanderreden, und Schöppche trinken. Vom Fenstertisch aus sehen wir unsere Zelte, Boote und den Fluss. Blätter und Äste der Pappeln bewegen sich im abendlichen Wind, der nun auch den Regen vertrieben hat. Die trockene Gaststube hat an so einen Abend schon viele Vorteile das ist nicht nur die Meinung der Frauen.

Freitag, letzter Paddeltag mit zwanzig Kilometer Fließ- und etwas über zehn Staukilometer vor dem Koblenzer Wehr. Es sind noch Dunstschwaden über dem Wasser mit etwa dreihundert Meter Sicht als wir lospaddeln. Zügig an kleinen Weindörfern vorbei, die Ruine Bischofstein noch im Dunst über dem Tal, Alken mit Burg Thurandt auf der Höhe betrachten Paddler gerne aus der Ferne. An den Ufern Bauarbeiten für den Stau Lehmen mit 7,5 Meter Stauhöhe, da kann man erkennen wie groß das Gefälle ist. In Gondorf an der Fähre kurze Pause, bevor der Rückstau von Koblenz beginnt. Nach Kobern mit der Niederburg und der flussabwärts gelegenen Oberburg beginnt sich langsam der Stau bemerkbar zu machen. Mit fleißiger Paddelarbeit und wenigen Blicken auf die uns umgebende Mosellandschaft erreichen wir am frühen Nachmittag den Ort Güls. Beim Gasthaus Kreuter kleiner Zeltplatz unweit des Bahnhofs, ideal als Endpunkt der zweiwöchigen Tour. Gegenüber die Koblenzer Stadtteile Moselweiss und Karthause. Schnell Zelte aufstellen auf der gemähten Wiese und Boote reinigen, abbauen und verpacken. Die Packtaschen kommen unter das Vordach und das für die Nacht benötigte wird nächsten Morgen dazugepackt, damit am andern Tag alles schnell geht.

Fahrkarte und doppelte Fahrradkarte kosten über Koblenz, Mainz und Ludwigshafen nach Heidelberg mit Zuschlag etwas über zwanzig Mark für zwei Personen. 10 Uhr 15 nach Koblenz, dort eine halbe Stunde Aufenthalt und warten auf den Schnellzug Ostende –Basel. Der hat zehn Minuten Verspätung. Verladen muss schnell gehen, während an der einen Tür Post und Express aus- und eingeladen wird, wuchten wir unser Gepäck an der zweiten Schiebetür selbst hinein. Vom Packwagen können wir durchgehen zum ersten 2. Klasse Wagen. Die Bahnfahrt fast vier Stunden entlang des Rheins vorbei an Städten und Dörfern mit Ausblick auf den Loroleyfelsen, Burgen und den lebhaften Schiffsverkehr. In Mannheim nochmals Umsteigen und nach einer halben Stunde die Weiterfahrt nach Heidelberg. Der Weg zum Bootshaus kommt einem da nicht mehr weit vor nach über 200 Kilometer auf dem Wasserweg und doppelt soviel auf der Schiene. So geht ein schöner erlebnisreicher Urlaub, ohne Pannen, mit vielen neuen Eindrücken, einiges an schwarz- weiß Fotos und eine! Flasche Wein bringen wir noch mit nach Hause, alle anderen sind unterwegs verdunstet.

1959 Altrheine zwischen Mücken

und Wasserlinsen

Es gibt kaum etwas Schöneres, als mit dem Boot auf stillen Bächen, Flüssen oder Altwassern die Schönheit unserer Landschaft und die Stille der Natur kennen zulernen. Gesundheit und Erholung findet der Wanderfahrer mit Boot und Zelt an jedem Wochenende.
Schreibt : Karl Heim, Wanderwart
Ludwigshafen am Rhein im Oktober 1957

Altrhein Paddeltouren sind abhängig von Mindestwasserständen des Hauptstromes. Dies bedeutet am Pegel Maxau mindestens

570 Zentimeter und in Mannheim 360. Tägliche Pegelansagen morgens sechs Uhr im Rundfunk oder an den jeweiligen Pegelanzeigen an den Hafeneinfahrten. Das ist die Frühjahrszeit, Ostern bis Pfingsten, wo mit Faltbooten das beste Durchkommen ist, später nehmen die Verkrautungen zu und auch die Mückenplage kann unerträglich werden.

Also entschließen wir uns, Lisa und Gerd, Gunda und ich, wir haben uns im letzten Winter zwei gebrauchte Klepper T6 Einer angeschafft, Anfang Mai, der Mannheimer Pegel zeigt über vier Meter, zu einer Altrheinfahrt von Rastatt bis Mannheim. Günstige Bahnverbindung bietet die Eilzugstrecke Frankfurt - Basel. Abfahrt Heidelberg 6 Uhr 15 und Ankunft Rastatt 7 Uhr 50. Samstag am Morgen auf dem Bahnsteig schnell unseren „Bettel" so bezeichnet der Schaffner das Gepäck, einladen und ab geht der Zug. Nur mit Halt in Wiesloch, Mingolsheim/Kronau, Bruchsal und Karlsruhe. In Rastatt sind es ein paar Hundert Meter zu einer Wiese unterhalb der Eisenbahnbrücke an die hier kanalisierte Murg. Vier Leute bauen ihre Boote auf, oben auf dem Damm zwei Männer mit Hund als Zuschauer, in einer guten Stunde fertig zum Einsetzen.

Sechs Kilometer nach Abwasser stinkende Murg paddeln ist nicht die reine Freude. Gut zu erkennen, bei den Bäumen auf dem Damm umtragen in die alte Murg, runter vom Stinkwasser über den Damm schleppen und auf der anderen Seite in das Altwasser einsetzen. Erschreckt fliegen einige Wildenten davon. Schilf, Seerosenblätter, Weiden und Büsche rechts und links des klaren stehenden Wassers. Zwei Kilometer paddeln durch Schilf und Auwald, Enten, Haubentaucher und andere Wasservögel tummeln sich hier. Ein dichtes Blätterdach lässt wenig Sonne durch bis die Wasserfläche etwas breiter wird und rechts die schmale Einfahrt zum Illinger Altwasser sichtbar wird. „Da müssen wir hinein" sagt Gerd und dreht in die Richtung. Lisa, Gunda und ich folgen lautlos in seinem Kielwasser. Anfangs eine enge, flott fließende, von hohen Pappeln eingefasste Wasserrinne, Wasserpflanzen schwingen in der Strömung hin und her, silberne Fische flitzen unter den Booten hinweg. Dieser Teil des Altrheinarmes ist nur vom Wasser aus zugänglich, Angler gelangen nur mit dem Kahn hierher zum Angeln. Wasservögel sind ungestört und so sind sie in Scharen anzutreffen. Eine kleine, niedere Holzbrücke an der schmalsten Stelle, zwingt zum Aussteigen. Über den hier mit einer Eisenkette angeschlossenen Angelkahn gelangen wir über den Feldweg und können hinter dem Brückchen gut einsteigen, einer nach dem anderen. Nach ein paar hundert Metern rechts ein fünf Meter hoher Hochwasserdamm, hier den Damm umtragen, steht im Altrheinführer von Karl Heim, ein Stichkanal geht landeinwärts, da liegen mehrere Angelkähne festgemacht und mit Vorhängeschlössern gesichert. Über die steigen wir aus den Booten. Sind die Boote auf dem Damm, kramen wir unsere Wassersäcke heraus um Trinkwasser zu holen. Nach der Karte ist ganz in der Nähe Illingen. Gerd und ich machen uns auf den Weg, die Frauen bleiben bei den Schiffen. Ein holpriger und ausgefahrener, schmaler Feldweg auf dem wir uns befinden. Nach einigen hundert Metern hört der Auwald auf, vor uns Wiesen und Felder, ein Traktor brummt in einiger Entfernung, weiter hinten fährt ein Wagen, von zwei Pferden gezogen, in Richtung Ort. Die Dächer glänzen in der Vormittagssonne silbrig in der weiten Landschaft des Rheintales. Noch keine Möglichkeit an Wasser zu kommen. An der Wegkreuzung ein kleines Haus, „sieht aus wie eine Pumpstation" sage ich zu Gerd. Stimmt und außen finden wir einen rostigen Wasserhahn, „ob da was rauskommt" fragt Gerd. Ich drehe und kräftig sprudelt sauberes Wasser. Die Gummibehälter ausspülen, prall füllen und zurückschleppen. „Wo bleibt ihr denn, ihr habt lange gebraucht für die paar Liter", so werden wir von den Kajakdamen empfangen. „Das waren viele hundert Meter", antwortet Gerd. „Und" sage ich „zehn Liter gleich zehn Kilo, viel schwerer am Land zu schleppen, als im Boot zu transportieren." Nacheinander einsteigen weiterpaddeln und bald eine geeignete Zeltmöglichkeit suchen. Der Altarm schlängelt sich weiter Hauptrichtung Nord durch dichten Blätterwald, umgestürzte Bäume sind zu Um- oder Unterfahren, was manchmal recht mühsam und zeitaufwändig sein kann.

An der Mündung, wenn man das so nennen kann, des Rheinarmes in den Neurhein eine fast ebene mit hohem Gras bewachsene Fläche bietet sich an. Also, einer das bin ich, steigt aus die Stelle in Augenschein zu nehmen. Das Gras ist, fast hüfthoch, für zwei Zelte ausreichend Platz und einigermaßen eben. Alle aussteigen und entscheiden ob wir hier bleiben. Ja, das Gras niederlegen, Steine, Äste und ein paar Dornenzweige von wilden Brombeeren entfernen und ganz schnell ist der Platz zwischen schnellem Fluss und stillem Altarm einigermaßen hergerichtet, gut für eine Nacht. Auf der Landseite, nach Süden fast undurchdringliches Unterholz und Auwald mit Weiden, Erlen und Haselnuss. Von West und Ost frei was ständigen leichten Luftzug bedeutet und die oft lästigen Mücken etwas abhält. Gut zwei Meter über derzeitigem Wasserspiegel ist der Platz hier. Nachdem die Zelte aufgestellt und Kochstellen gesichert eingerichtet sind damit keine Brandgefahr besteht, machen Gerd und ich einen Erkundungsgang. Am Stromkilometer 349,2 befinden wir uns, gegenüber das mit Pappeln bestandene Ufer ist französisch, durch den dichten Auwald ein schmaler Trampelpfad, der zu Plätzen abzweigt wo Angler morgens und abends stehen. An manchen Stellen sind Schuppen und Fischreste zu erkennen. Wieder zurück zieht brummend ein Schlepper drei Kähne stromauf, das geht langsam mit fünf bis sechs Kilometern in der Stunde. „Bei dem hohen Wasserstand ist hier ein starker Stromzug", bemerkt Gerd. Wellen schlagen ans Ufer und es dauert bis das Motorengeräusch in der Ferne verebbt und die Schiffe nicht mehr zu sehen sind. Es raschelt im Ufergestrüpp, etwas Graues schwimmt davon, Biber oder Wasserratte ist nicht zu erkennen. Mit zwei Rolltischen und Klappstühlen, umgeben von Wasser und Wald, mit Entengeschnatter und Vogelzwitschern kann in gemütlicher Runde Kaffee getrunken werden, dazu Marmeladenbrote. Ein herrlicher Sonnenuntergang über den nördlichen Vogesen verspricht auch für morgen gutes

Wetter. Nach ruhiger lauer Nacht am frühen Morgen wecken uns Motorengeräusche, es ist sechs Uhr früh und ein Schiff fährt ganz nah am Ufer vorbei, es dauert bis es nicht mehr zu hören ist. Die Sonne erwärmt das Zelt, dass wir es vorziehen aus den warmen Schlafsäcken heraus zukommen. Dunst über dem Wasser, ein gutes Zeichen, Vögel singen ihre Lieder und die Enten rudern ins Uferschilf. Auf der gegenüberliegenden Altwasserseite schauen stumm zwei Angler auf ihre Kiele. Nach morgendlichem Rundgang entdecke ich dass unsere Zelte auf einem alten Bunker stehen und weiß nun warum die Zeltnägel, 18 cm lang von Klepper, nicht soweit in die Erde gingen.

Frühstück und zügiger Abbau, es wird zehn Uhr, die Sonne steht hoch am Himmel als wir zur andern Seite unterwegs sind um gleich ins Auer Altwasser zu gelangen. Die Angler sind längst zu Hause, so können wir gut aussteigen und durch eine schmale Rinne die vier Boote durchtreideln. Die Füße werden nass beim Einstieg im seichten Wasser. Der Wasserlauf ist flussähnlich mit leichter Strömung, etwas offener und mit mehr Möglichkeiten um anzulanden, wahrscheinlich alles Angelplätze. Die folgende kleine Brücke ist nicht zu unterfahren, der Wasserstand ist zu hoch. Aussteigen und über den Feldweg, der zum zwei Kilometer entfernten Ort Au führt, Umheben. Mit lautem Geschnatter macht sich eine Schar Wildenten auf und davon. Im nahen Gebüsch fliehen Amseln und Meisen vor uns. Über dem klaren Wasser bunte Schmetterlinge und grüne und blaue Libellen. Durch die Judengasse, bei steigendem Rheinpegel strömt Wasser ins Hinterland- bei fallendem Pegel ist es umgekehrt, hat das Altwasser Verbindung zum Neurhein und das Brummen von Schiffsdieseln ist zu hören. Einige Kilometer bis Neuburgweier wo wir den Hauptstrom erreichen und ausfahren, genau am Deutschen Zoll, ohne jede Kontrolle, da wir aus dem Altrhein kommen. Kein Schiff von oben oder unten. Schnell den Bug schräg gegen den Strom stellen um in dieser Stellung zügig, kräftig vorwärtspaddelnd, das ist die Seilfähre, um das gegenüberliegende linksrheinische Ufer zu erreichen. Zweihundert Meter breit ist es hier, das ist anstrengend um den Fähranleger der Nachenfähre zu erreichen und am Damm in Lauter und Altwasser umzutragen. Alle sind angekommen und auf dem Lauteraltarm paddeln wir Richtung Neuburg. An der Ausfahrt in den Rhein ein schwimmendes Gasthaus, auf einem alten Schiff aufgebaut, fest am Ufer verankert und über einen schwankenden Steg zu betreten. Ganz nahe dabei eine Zeltwiese mit Wasserstelle und Plumpsklo, dort nageln wir die Zelte auf. Mit Blick über die Wasserfläche in der sich Weiden und Silberpappeln im abendlichen Sonnenlicht spiegeln.. Zwischen Altwasser und Neurhein entstanden durch die Rheinkorrektur von Tulla Dämme, Altarme, Fließe und Durchstiche um die Jährlichen Hochwasser einzudämmen, was nicht gelungen ist.

Auf dem windigen Platz, vorsorglich mit Mückenmittel einge-schmiert, sitzen wir im Schein der Feuerhand Petroleumlampen und genießen den lauen Sommerabend vor der rheinischen Urwaldkulisse. Sternenhimmel oben, unten eine Vielzahl von be-kannten und unbekannten Geräuschen, Eule und Waldkauz im Auwald, rascheln in Gras und Gebüsch wahrscheinlich Maus und Co. Im Allzweckbecher badischer Rotwein, irgendwo unterwegs erstanden, ergänzt den Flüssigkeitshaushalt, schafft die nötige Müdigkeit und veranlasst uns bald in die Schlafsäcke zu kriechen. Nachts muss ich mal raus, da empfinde ich es als recht kühl. Ein neuer Morgen mit guten Wetterzeichen und meterhohem Dunst über den Wasserflächen, die Spinnweben glitzern silbern im Mor-genlicht und noch kein Schiff unterwegs. Langsam steigt der Son-nenball über dem Schwarzwald höher und verschlingt den Früh-nebel. Erste Schiffe sind zu hören, es dauert bis sie auf gleicher Höhe sind, ein schnelles weißes Motorboot mit Freizeitkapitän am Steuer flitzt vorbei und macht spitze, steile Wellen. Ein Schlepper mit zwei kurz gehängten, nebeneinander gekoppelten Anhängen auf schneller Talfahrt. Nach ausgiebigem Frühstück, Abbruch der Zelte und vorsorglicher Wasserergänzung Start im ruhigen Altarm der Pfälzischen Lauter. Gleich Wechsel vom Westufer auf die an-

Angelkähne (Altrhein)

dere Flussseite dabei auf Schiffe, Sandbänke und Querbuhnen achten ist eine Herausforderung für die Paddelfrauen, die immer etwas Bammel vor der Großschifffahrt haben. Knapp zehn Minuten später rechts zwischen Weiden und Pappeln der Rappenwörther Altrhein, wobei „Wörth" soviel wie Insel bedeutet die „Werth oder Wörth" tauchen noch öfter am oder im Rhein auf. Sechs Bootshäuser von Karlsruher Kanu- und Rudervereinen finden sich hier. Heute am Dienstag niemand zu sehen, alles wie ausgestorben. Hinten der hohe Damm davor einige Angelkähne, eine Treppe führt hinauf zu Krone. Die Befahrung des Altrheins ist nicht lohnend vier Kilometer, zwei hohe Dämme umtragen, so schreibt der Ludwigshafener Wanderwart. Ich frage die Mitpaddler: „Wollen wir auf die Tour verzichten und besser die halbe Stunde bis Maximiliansau zum Wörther Altrhein paddeln" unschlüssig stehen wir noch herum um uns dann doch zu Weiterfahrt zu entschießen.

Altarme, des ehemals auf eine Breite von zehn Kilometern ständig mäandernten Rheins mit Tausenden Inseln, entstanden durch die Rheinkorrektur des Oberst Tulla von 1817 bis 1870. Der Fluss wurde durch die vielen Durchstiche im Oberrheintal von Basel bis Mainz um achtzig Kilometer verkürzt, dadurch erhöhte sich die Strömungsgeschwindigkeit erheblich. Es führte auch zum Verschwinden von Fischarten wie Stör und Maifisch. Selten sind seitdem Äsche, Laube, Rotfeder und Sonnenbarsch. Heute werden vorwiegend Aal, Hecht, Schlei, Döbel und Stichling gefangen. Genauso dramatisch wie der Fischbestand ist auch die Zahl der Berufsfischer zurückgegangen.

Wir sind wieder auf dem Hauptstrom vorbei an den Karlsruher Hafenbecken und an der etwas vom Fluss abseits liegenden ehemaligen Kurfürstlichen badischen Residenz und müssen gleich links paddeln um nach der Eisenbahn- und Straßenbrücke ins Hafenbecken von Maximiliansau einzuschwenken, „Vorsicht auf möglichen Schiffsverkehr" gebe ich den Anderen zu verstehen Nun zwischen hohen Kaimauern, Kranen, Verladeinrichtungen und Schiffen nach hinten rechts wo die Möglichkeit zum Umsetzen sein soll. Am Ende der Kaimauer ein Damm mit breiter Betontreppe und Stahlringen. „Da muss es sein" murmelt etwas unverständlich Gerd und macht Anstalten auszusteigen. Oben auf der Krone ruft er uns zu: „der Einstieg ist besser als der Ausstieg es geht direkt glatt ins Wasser, aber ein paar hundert Meter weiter ist nochmals ein Hochwasserdamm". „Der ist links zu umtragen, laut meiner Beschreibung, wenn diese richtig ist" sage ich. „Hoffen wir`s „sagt Gunda. Vertrauen wir dem Wanderführer dann muss an der Straßenbrücke in Wörth noch mal umtragen werden. „Dort ist dann Mittagspause" sagt Lisa, allgemeine Zustimmung. Nach dreimaligem aus- und einsteigen ist das mehr als verdient. Ganz nah ist eine Bäckerei, ich hole frische Brötchen. „Falls ihr noch was mitnehmen wollt geht noch mal einkaufen", sage ich zu den Frauen. Auf einem Teppich aus giftgrünen Wasserlinsen gleiten die vier Boote dahin. Ein Graureiher flüchtet in einen hohen Uferbaum. Der Pirol mit seinem „Kräk-kräk" ist zu hören aber nicht sichtbar im dichten Gesträuch. Ein Eisvogel fliegt pfeilschnell über das Wasser. Drosselrohsänger und Rohrdommel könnten im Schilf heimisch sein, sind weder zu hören noch zu sehen. Seerosen und Schilf dicht an dicht und daher kaum Möglichkeiten anzulanden und wenn, dann sind es Plätze der Angler die abends oder morgens kommen und mit denen wollen wir uns lieber nicht anlegen. Nach einer Linkskurve rechts eine große Sandbucht, hier müsste nach Karte und Plan dahinter ein Baggersee sein.

Gerd steigt aus und ruft uns zu: „Der Platz ist nicht der Beste, aber für eine Nacht gut genug." „Alle aussteigen, Endstation für heute, Boote raus und Zelte aufstellen". Alle Ausrüstung hoch, es sind nur ein paar Meter, und der Jahrtausende alte Rheinsand ist gut trocken und locker. Der Baggersee ist etwa tausend Meter lang mindestens hundert Meter breit. Auf der Seite wo wir sind fällt er nicht steil ab. „Das ist ein guter Badeplatz, da wird der Bikini auch nicht nass, es ist weit und breit niemand zu sehen", jubeln die Frauen. Der große Eimerbagger ist am anderen Ende. Es ist warm am Nachmittag mit Sonne und kleinen Wölkchen am Himmel. Das Wasser ist angenehm, sauber und nicht zu warm, da springen alle vier ins Wasser um einige Runden zu schwimmen. Dann lassen wir uns in der Sonne trocknen und schlüpfen in die trockenen Badesachen. Das Lager wird eingerichtet zwischen Altwasser und See. Im Osten, über dem See ein Hochwasserdamm, von wo die Schiffsgeräusche schwach bis hierher zu hören sind. Auf dem Damm fahren gegen Abend zwei Mopeds, man kann es nicht genau erkennen, es sind sicher Angler. Es sind höchstens zwei, drei Kilometer bis Wörth. Im Westen versperren hohe Bäume den Blick auf Rheinebene und Sonnenuntergang. Eine ruhige Nacht am Baggersee ohne die üblichen Mücken bricht an. Am Morgen bewege ich mich mal am See entlang und entdecke rostige Schilder mit dem Text: „Baden, Lagern und Zelten streng verboten." Es ist nun neun Uhr und noch kein Baggerbetrieb, nichts zu sehen oder zu hören. Wir beeilen uns den Platz schnellstens zu verlassen.

Um zehn Uhr sind wir spurlos wie wir gekommen so weggeschwommen, mit unseren vier Einern. Mit der Sonne im Rücken auf stehendem, fünfzig Meter breitem Gewässer eingerahmt von Seerosenblättern, Weiden und Pappeln nähern wir uns langsam dem Ende des Altarmes. Kurz vor dem Neurhein links ein Rohr unter dem zwei Meter hohen Damm, eine Treppe mit Pegel, oben ein kleines Backsteinhäuschen mit verwitterten Dachziegeln. Hier umtragen in einen namenlosen Arm, sehr schmal, viele Windungen, teilweise dschungelartig verwachsenes, Blätterüberdachtes Gewässer und nur knietief. Hier kommt kaum Sonne durch. Nach einer Stunde eine Lichtung und der Meterhohe Damm, der das Wasser daran hindert in den Rhein abzufließen. Umtragen steil hoch, zu viert ein Boot mit zwei Tragegurten, beim letzten Kahn, Gerd rutscht aus und steht im schwarzen Uferschlamm, „da ist ein Fußbad fällig" sage ich. Während Gerd die Fußwaschung vornimmt suche ich einen geeigneten Einstieg. Hundert Meter flußab ist eine alte Pegelanlage mit Treppe, ein guter Platz. Gerd kommt zurück, „da lag im Schilf ein mit Regenwasser halbvoller Kahn, eine schöne Fußbadewanne" sagt er. Zuerst helfen wir den Frauen in die Boote, dann steigt Gerd ein, „beeil dich da kommt von ein Schlepper mit zwei Kähnen auf Talfahrt", rufe ich und komme gerade noch vor den Wellen in mein Boot. Die halbstündige Fahrt mit Schiffsverkehr, Querbuhnen und Sandbänken erfordert einiges an Aufmerksamkeit. Grundseilfähren sind immer in Ufernähe zu passieren, ist die Fähre rechts muss am linken Ufer langgepaddelt werden, liegt diese links ist es umgekehrt. Da muss vorausschauend gefahren werden. Dann die Nato-Pontonbrücke von der ausreichend Abstand zu halten ist. Gleich danach bei Km 372,9 die Einfahrt in den kleinen Leimersheimer Hafen von wo in den Altrhein und den Michelbach umzutragen ist. So eine mehrtägige Altrheinpaddelei ist mit vielen Portagen verbunden, macht aber dennoch Spaß. Der Bach hat mäßige Strömung, klares, meist nicht mehr als knietiefes Wasser, bewachsen mit Schilf und Rohrkolben und bewacht von vielen Wildenten. Möglichkeiten für eine Nacht wild zu zelten, abseits von Ortschaften gibt es hier einige, wenn man weiß wo. Feldwegbrücken versperren den Wasserweg und je nach Wasserhöhe muss mal umgetragen, überhoben oder mit Kopf einziehen unterfahren werden, und das sechs- oder siebenmal. Ohne Pause paddeln wir bis in den breiten Sondernheimer Altrhein mit schönen Badebuchten. Mittags die Wärme nutzen um ins Wasser zu springen, geht ohne und die Klamotten bleiben trocken. Dann gibt es Brot und Käse oder Landjäger, Tomaten und Äpfel, Limonade oder Selterwasser, war alles an der Bootshaut deponiert und ist angenehm kühl. Weiter zum Rhein, umtragen am Wohnhaus hinter dem Damm, wo die Wasservorräte ergänzt werden. Endlich auf dem schnellfließenden Rheinstrom, der fast einen halben Meter Gefälle auf den Kilometer hat, es ist zu achten auf Fähren, die an einer Reihe Nachen verankert von einer zur anderen Seite pendeln. Mit seiner Handwinde verändert der Fährmann die Anstellung zum Strom und die Pontons werden durch die Strömung zur anderen Seite gezogen. Ein alter Trick, den wir uns auch beim Queren zu nutze machen, nämlich mit der Seilfähre. Die Enten machen uns das vor. Aus dem Sondernheimer die Uferseite wechseln in den Rußheimer mit zweimal umtragen sparen wir aus. „Weiter auf dem Rhein zum Lingenfelder Altwasser ist schöner und bei dem Wasserstand gut zu paddeln", sagt Gerd und wir stimmen zu. Am linken Ufer das Gasthaus „Rheinschnok" auf einem am Ufer fest verankertem Schiff. Germersheim mit den Resten der zerstörten Eisenbahnbrücke, dann die Wagenfähre und Nato-Brücke, die bei Übungen eingeschwenkt werden kann. Ausgerechnet hier kommt das Schweizer Schleppschiff „Unterwalden", mit 4000 Pferdstärken und elf Mann Besatzung, einer der stärksten Schlepper, stromauf entgegen. Er hat mehrere Schiffe an den über den Schleppbügel hängenden Stahltrossen. „Der bringt schöne Wellen, macht die Spritzdecken dicht!" rufe ich den anderen zu. Wenn links die hohen Pappelreihen aufhören und die Fähre Rheinsheim zu sehen ist dann kommt die enge Einfahrt zum Lingenfelder. Es wird gesagt die Altrheine sind immer gleich stimmt und stimmt doch nicht. Bei jedem Wasserstand und zu jeder Jahreszeit sind die Eindrücke immer verschieden, denn die jährlichen Hochwasser verändern vieles. Dämme und Betonbauten sind keinen großen Veränderungen unterworfen, doch die Natur verändert sich ständig, stündlich, täglich, jährlich und immer wieder von uns fast unbemerkt.

Der Rhein hat ein Wassereinzugsgebiet von Zweihundertfünfzigtausend Quadratkilometer, ist 1320 Kilometer lang von Ursprung am Gotthard strömt er 2345 Höhenmeter hinunter zur Nordsee. Bei Normalwasser fließen in Straßburg 1200 Kubikmeter in der Sekunde ab, bei Hochwasser jedoch bis zu 4000 in der Sekunde. Da kann man sich vorstellen, dass die Rheininseln um die wir herumschippern dann Land unter sind. Lingenfeld in der Mitte des Altarmes, wo die Bahnstrecke Karlsruhe – Mainz gleich hinter dem Damm verläuft, mit Wirtshaus am Wasser, lädt zu einer Einkehr ein. Jeder trinkt ein Bellheimer Pils und so gestärkt paddeln wir das letzte Stück, kennen wir doch einen schönen Platz am Dammwachthaus, das für die Wachen bei Hochwassergefahr gebaut wurde. Fünfhundert Meter bis zum Rhein, eine gute Zeltmöglichkeit für Paddler, Radwanderer haben wir hier auch schon angetroffen, und eine sandige Badebucht, zurzeit Damenbad während wir die Zelte aufstellen. Hier weht kein Lüftchen, vor Sonnenuntergang ist Mückenmittel angesagt, um den Abend einigermaßen zu überstehen. Später summen beide Enders-Kocher. Bei uns gibt es wieder mal Nudel mit Tomatensoße und Cornedbeef. Gerd sagt immer: „der Hunger treibt`s runner." Nach dem die Sonne sich verabschiedet hat wölbt sich über dem Rheintal ein klarer Sternenhimmel und vom Wasser kommt eine kühle Prise. Ein Igel läuft fast ins Zelt zieht es aber vor im nahen Unterholz zu verschwinden. Irgendwo Hundegebell das sich schlecht orten lässt. Noch eine Tasse Tee im Licht der Petroleumlampe und der Entschluss morgen den Philippsburger Altrhein auszulassen um bei Km 391,7 in den landschaftlich schöneren Berghäuser zu gelangen.

Vogelzwitschern, das Geschnatter von Enten und Motorengeräusche lassen mich früh die Reisverschlüsse, ratsch-ratsch, öffnen um zu sehen was los ist. Neben uns eine aufgeregte Entenschar fliegt über den Dunst in Richtung anderes Ufer. Schnell trocknen die Überdächer, anderthalb Stunden später schwingen wir die Paddel über das spritzende, schmutzig-graue Wasser. Baden und schwimmen ist nur in den Baggerseen und Altwassern zu empfehlen. An Land hinterlassen wir, wie immer keinerlei Spuren, außer umgelegtem Gras. Abfälle, die wir nicht mehr mitnehmen können, werden mindestens sechzig bis siebzig Zentimeter tief vergraben, dazu haben wir einen Klappspaten immer an Bord. Auf diesen paar Kilometern überholen uns einige Talfahrer, ein Schleppzug und zwei Einzelfahrer so genannte Partikuliere. Ein großes weißes Fahrgastschiff ist schon von weitem zu erkennen. Auf gleicher Höhe sehen wir, es ist die MS „Europa" unter Schweizer Flagge, fährt von Rotterdam nach Basel mit bis zu 200 Fahrgästen, 75 Kabinen, 1700 PS und Bordschwimmbad. Das macht schöne hohe Wellen, es macht Spaß darauf die Einer so richtig auf und ab tanzen zu lassen. Die obere Einfahrt zum AW ist schmal und nur bei hohen Wasserständen ist ein durchkommen möglich, sonst muss mühsam umtragen werden. Heute finden wir die schmale Rinne und fädeln uns durch und mit etwas Gefälle spült es uns in den Berghäuser. Der schönste Altrhein wäre es sagen alte Paddler. Er ist mal schmaler und mal breiter, flache Stellen wechseln mit tieferen ausgewaschenen Kolken und dank leichter Strömung ist ein stetiges Vorwärtskommen garantiert. Schilfgürtel, Wasserpflanzen aller Art, Haubentaucher und Schwanenfamilien auf dem klaren Gewässer, flinke Fische schwimmen unter den Kielen durch. Vorbei an Dammwachthäuschen und unter niederen Feldwegbrücken hangeln wir uns durch. An einer seenartigen Verbreiterung und nach über drei Stunden fast am Ende, ein einsamer Badeplatz, der alle noch mal hüllenlos ins Wasser springen lässt.

Niemand da, Werktag und am Mittag keine Angelzeit, da hängen wir noch eine halbe Stunde Pause dran. Brot, Käse, etwas Wurst und einen Apfel stopfen wir in uns hinein und trinken einen, mit Wasser verdünnten Rotwein. Gleich nach der Ausfahrt einen großen Bogen paddeln um an der Wagenfähre und der nächsten Nato- Pontonbrücke sicher vorbeizukommen. Zwei Stunden bis zum Reffental, Rheinhausen und Altlußheim, zwei Fähren kurz hintereinander gilt es auf der richtigen Seite zu passieren. Die Rheinbrücke von Speyer spannt ihren mächtigen Bogen über den hier mehr als zweihundert Meter breiten Fluss. Markant die Türme des romanischen Kaiserdomes, eine sehenswerte Stadt mit Altpörtel, Rathaus und Museum. Aber noch ein paar Minuten weiter paddeln zum Reffental, reger Schiffsverkehr, dass wir froh sind nun im Altarm zu schwimmen. Am Sandstrand zwischen Kieswerk und Campingplatz, aussteigen und fast fünfhundert Meter umkarren in den Otterstädter. Schiebend, ziehend, und tragend, teilweise mittels Bootswagen oder Tragegurten starten wir nach einer halben Stunde mühevoller Transportarbeit zur Weiterfahrt. Im Westen hinter dem hohen Damm liegt Otterstadt. Rechts die Kollerinsel hat über eine Brücke Verbindung mit dem Ort und auf der Rheinseite die Kollerfähre nach Brühl ins Badische. Das Ufer im norden wird gesäumt von Bootsliege- und Zeltplätzen. „Steuern wir den Vereinsplatz der Kanugesellschaft Neckarau an", kommt die Frage von Lisa. „Ja, ja, da ist eine schöne große Wiese mit ringsum Weiden, Pappeln und Erlen und wenn wir Glück haben war auch schon jemand da und hat gemäht", sagt Gunda. Der „Jemand" hat gemäht stellen wir erleichtert fest. „Morgen ist auch Samstag, da kommen die Mannheimer Kanuten den Rhein hoch gepaddelt", sage ich. Der Nachmittag war schwül-warm gewittrig, Beeilung damit die Zelte bald aufgebaut sind vor dem erwarteten Gewitter. Einziger Luxus Holzhäuschen mit Herz und Plumpsklo, Wasser gibt es auf dem sechshundert Meter entfernten Campingplatz oder auf der Insel beim Bauern vom Kollerhof. Abends noch Blitz und Donner, Regen und Wind, eine etwas unruhige Nacht.

Am Morgen ist das Gewitter hinter dem Odenwald verschwunden, gegen Mittag erste Paddler aus Mannheimer und Ludwigshafener Vereinen kommen an und die Zeltstadt wird immer größer. Kalle, Fritz, Richard, Elli, Liesel, Hilde und wie sie alle heißen können wir begrüßen. Mit Kind und Kegel, Einer- und Zweierfaltbooten und kleinen und großen Zelten rücken sie an. Mit viel Umtrieb und am Abend wird erzählt, geschwätzt und irgendwer spielt Gitarre und singt dazu. Am Sonntag gegen Mittag sind wir die ersten die abbauen und lospaddeln.

Der Rheinstrom treibt uns zügig stromab. Die Autofähre Altrip und das Rheinauer Großkraftwerk lassen wir schnell hinter uns. Häuser und Hafenanlagen, die Pegeluhr Ludwigshafen und das Mannheimer Strandbad abgegrenzt mit gelben Boyen. Kurz vor der Eisenbahn- und Straßenbrücken Mannheim – Ludwigshafen eine große Anlegepritsche des Rudervereins, gegen den Strom wenden, ich lege schnell an, binde das Boot fest und helfe den anderen beim Aussteigen. Die schweren Kähne über die Rollen aus dem Wasser ziehen, Teilausladen und Hochtragen auf die Wiese. Saubermachen und verpacken auf die Wägelchen. Nach der letzten Anstrengung noch ein kleines Helles für vierzig Pfennig auf der Bootshausterrasse mit letzten Ausblicken auf den Rhein. Zum Hauptbahnhof rollen, vier Fahrkarten nach Heidelberg a. 1.60 plus Fahrradkarte zu 45 Pfennig. In einer halben Stunde entsteigen wir dem Zug und schieben unser Zeugs ins Bootshaus. „Das war eine schöne Woche, gutes Wetter, schöner Wasserstand, keine Pannen, alles fast nach Plan", sagt Gerd. „Ja, und trotz der vielen Umtragerei nicht anstrengend", hör ich von Gunda. Lisa sagt: „Es war schön wann machen wir die nächste Reise und wohin?" Ich antworte: „Ideen habe ich viele, den Regen im Bayrischen Wald oder die Donau Ulm bis Wien, Ardeché, Rhone oder??" So enden die Fahrten mit neuen Plänen für die nächsten Urlaube mit Bahn, Boot und Zelt.

Einsamer Zeltplatz

Kamera, Ausrüstung, wasserdichte Verpackung und Filme.

Die Kamera, eine einäugige Spiegelreflex Praktika FR 3 mit Schnittbild Entfernungsmesser, der Belichtungsmesser Gossen Sixtomat, Filme schwarz-weiß von Adox oder Perutz. Alles wasserdicht in einem Photobeutel von Klepper aus gummierten Gewebe mit doppeltem Rollverschluss, starken Druckknöpfen, separater Luftkammer und einer Öse um ihn mittels Leine am Spant zu befestigen. Die Filme werden im viermal größeren Kleidersack aus gleichem Material mit hineingepackt. Auf manchen Fahrten habe ich noch ein Alustativ von Linhoff und ein Batterieblitzgerät mit. So entstehen viele SW Filme und landen im Archiv-Ordner. Später, etwa 1961, schaffe ich mir eine Contaflex Super BC Ausrüstung mit Wechselmagazinen an um ohne Bildverlust Schwarz-Weiß Aufnahmen und Farbdias machen zu können, das ist eine Anschaffung von rund 1500 Mark

Als Reisefahrzeug – das (Klepper) Faltboot

Klein, leicht, gut zu transportieren mit der Eisenbahn auf Fahrradkarte. Zerlegt in drei Packtaschen, die größte für die Haut, die kleinste für Spanten, Sitze, Rückenlehnen und Kleinkram, die längste für Bordwände, Senten und Stäbe. Der Bootswagen klein, leicht zerlegbar aus Stahlrohr, verzinkt oder verchromt, Kinderwagenachse und Räder mit Vollgummireifen. Der Faltboot- Einer oder Zweier kann bei einiger Übung in einer halben Stunde leicht aufgebaut werden. Hinten und vorn zwischen Steven und Spant kommt eine Luftblase aus gummierten Gewebe mit einem langen Schlauch, diese hat den Zweck in aufgeblasenem Zustand das Boot unsinkbar zu machen. Der restliche Raum, vorn etwa 60 bis 70 Liter hinten 80 und seitlich vom Sitz 30 bis 40 Liter zum Stauen des mitgeführten Gepäcks. Bei längeren Wanderfahrten kann das alles genutzt werden. Die Ladekunst, auch Stauen genannt, lernt der Paddler mit der Zeit und wird immer perfekter. Es muss so geladen werden, dass das Kajak, Einer oder Zweier, gleichmäßig im Wasser liegt und eine stabile Lage bekommt. Hinten zu tief wird es vorn windanfällig, vorn zu tief nimmt es Wasser über und lässt sich auch schlecht steuern. Bei großen und längeren Wanderfahrten ist es von Vorteil nicht mit einem Zweier sondern mit zwei Einerbooten unterwegs zu sein. Damit ist Mann und Frau beweglicher beim Packen, Umtragen und paddeln. Einerboote sind wendiger und in vielen Situationen dem Zweierboot deutlich überlegen. So habe ich mich entschlossen für mich und die Freundin Einer anzuschaffen. Es sollen „Gebrauchte" sein, die ich dann auch auftreibe, Klepper

Stauen der Ausrüstung

T6 Einer je Boot mit Zubehör 150 Mark. Im Winter habe ich Zeit beide betagte Modelle auf Vordermann zu bringen. Fast jede Woche einmal bin ich bei „Gummi Körner" dem Heidelberger Klepper-Vertreter um irgendwelche Ersatzteile zu beschaffen, wie Kielstreifen, Beschläge, Bootslack und Gummilösung.

Ladung, Stau und Trimm

Im Frauenboot die Küchenausrüstung, Kocher, Klappstuhl, Rolltisch, Kleidersack, Schlafsack, Luftmatratze, Packsäcke, Bootswagen und mehr. Am Männerboot, das Zelt, Schlafsack und Luftmatratze, Werkzeug und Spaten, Landkarten und Flussführer, Fotoausrüstung alles wasserdicht verstaut und so festgemacht, dass auch bei einer Kenterung nichts abschwimmen kann. Packtaschen und Schlafsäcke, wasserdicht!! , mittels Gurt an den Bodenleitern festgezurrt. Seitlich werden die Dinge untergebracht, die gleich greifbar sein sollen. Zum Schutz ist im Inneren eine Bodenschutzdecke aus gummiertem Gewebe um Sand und Steinchen von der Boothaut fernzuhalten. Am mittleren Spant wird an einer Schnur ein Schwamm angebunden, der zum Wasser entfernen benutzt wird. Vorn auf dem Oberdeck ist beim Männerboot eine Ersatzpaddelhalterung angebracht. Jedes zweite Boot sollte auf großer Fahrt ein Ersatzpaddel dabei haben, denn wenn eines verloren oder zu Bruch geht muss sofort Ersatz da sein sonst könnte es nicht weitergehen und die Fahrt müsste abgebrochen oder solange unterbrochen werden bis Ersatz zu beschaffen ist. Das kann dann Zeitverlust bedeuten, ganz zu schweigen von den Kosten. Allein auf Fahrt gehen kann man grundsätzlich, aber es ist dann ganz auf Sicherheit zu achten, es ist keiner in der Nähe, oder aber recht selten, der helfen könnte. Kurzweiliger und sicherer ist es mit ein bis fünf Mitpaddlern unterwegs zu sein.

1959 Vom Oberrhein zum Niederrhein

Die Paddeltour im Frühsommer ist geplant für Paddler mit guter Bootsbeherrschung auf schnellfließendem Gewässer mit viel Berufsschifffahrt. In der Zeit zwischen Ostern und Pfingsten, wo auch die höchsten Wasserstände zu erwarten sind, hoffentlich kein Hochwasser! Vom Bootshaus bis Oppenheim wollen Heinz und Alisa dabei sein, ab Oppenheim Martha und Heini bis voraussichtlich nach Koblenz, auf der restlichen Strecke sind wir dann alleine unterwegs. Als Urlaubszeit einigen wir uns auf Mitte Mai und etwa zehn Tage. Die Zeit rennt und nach ein paar Wochenend-Touren auf Neckar,

Jagst und Rhein rückt der Tag des Ablegens vom Bootshaus am Neckar immer näher. Letzte Vorbereitungen ab Wochenmitte um am Samstag ganz früh aufs Wasser zu kommen. Alisa und Heinz, Gunda und ich sitzen in den Booten, zwei Einer und ein Zweier, Heini und Martha stehen am Ufer als wir ablegen. Heini ist informiert, dass uns wir am übernächsten Tag, einem Montag zwölf Uhr Mittag im Hafen Oppenheim treffen. Mit dem Wetter haben wir mehr als Glück, während es die ganze Woche geregnet hatte ist heute nur Sonne und Wölkchen. Das ideale Paddelwetter stellt Gunda fest. Am rechten Ufer entlang paddeln an den Neckarwiesen vorbei und ab dem Wieblinger Wehr ist der enge Kanal zu benutzen. Da muss höllisch aufgepasst werden auf Schiffe von hinten und vorn und wir sind froh unbehelligt von diesen die Umtrage am Schwabenheimer Hof zu erreichen. Über zwei Treppen, über den steilen Damm durch hohes Gras und Brennnessel setzt man in den alten Neckar ein. Bei Ladenburg dann ein Kanalstück zur Feudenheimer Schleuse, das auch in den alten Neckar in der Höhe von Ilvesheim umtragen werden muss, das ist genau so umständlich wie das erste Mal. Nicht mehr weit zum Wassersportverein Feudenheim, wo wir unser Nachtquartier aufbauen.

Am Wochenende ist das Vereinshaus bewirtschaftet. Es ist viel Betrieb hier, wo auch mit einer Fähre übergesetzt werden kann. Die nächste Etappe und alle folgenden sind nicht mehr mit Umtragereien verbunden, die Rheinstrecke kommt ohne Stauanlagen aus. Am nächsten Tag in Richtung Rhein rechts und links Hafengebiete von Mannheim, der Stadt mit den Quadraten und dem großen Schloss, Mühlauhafen, Industriehafen und Verbindungskanal mit hohen Kaimauern gibt es hier. Auf der anderen Rheinseite die Industrie Kulissen der Badischen Anilin und Soda Fabrik, kurz BASF genannt, begleiten uns bis fast an die Autobahnbrücke Frankenthal. Reger Verkehr von Schleppzügen und Einzelfahrern und dann überholt uns der Dampfer „Heimat" der vor unserem Bootshaus seinen Liegeplatz hat. An der Einmündung des Sandhofener Altrheines überspannt eine Hochspannungsleitung den etwa dreihundert Meter breiten Fluss und in der Ferne sind die Türme der Brücke und des Domes von Worms zu erkennen. Im Winterhafen an der Pritsche der Paddelgruppe von den Naturfreunden legen wir an. Alisa und Heinz müssen hier abbauen um mit dem Dampfer „Heimat" am Nachmittag nach Heidelberg zurückzukommen. Gunda und ich machen eine ausgiebige Pause, bevor wir uns verabschieden um weiterzupaddeln. Nach der Eisenbahnbrücke Worms sind rechts und links nur Hochwasserdämme zu sehen, das Hinterland mit seinen Feldern, Wiesen, Äckern und Waldgebieten ist aus unserer Sicht nicht zu erkennen. Unmittelbar am linken Ufer ist das Strohzellstoff- Werk Rheindürkheim mit Verladeeinrichtungen und Siloanlagen. Dann ragen wieder die Baumwipfel über die Dammkrone und ab und zu fährt auf dem Damm mal ein Radfahrer oder ein Pferdefuhrwerk. Nach einigen Kilometern die Reste der Gernsheimer Brücke und dahinter eine einschwenkbare Nato - Pontonbrücke und die Autofähre, die vor uns den Fluss quert. Industrieanlagen und ein Hafenbecken hat die Stadt noch zu bieten. Nach einer Linkskurve mit großer Sandbank folgt rechts das mit gelben Boyen abgegrenzte Biebesheimer Strandbad. Den Eicher Baggersee lassen wir links liegen und legen an der Südspitze der Kühkopfinsel an wo der DKV Zeltplatz ohne Wasser und Komfort ist. Gunda fragt besorgt: „haben wir noch genügend Wasser dabei, wenn du hier übernachten willst?" „Ja, ja das reicht für eine Nacht" damit ist sie beruhigt. Paddler aus Mainzer und Darmstädter Vereinen sind beim abbauen und packen, während wir uns für eine Nacht einrichten. Der ebene Platz ist einige Meter über Flussniveau und es weht ein leichter Wind, der uns die Mücken am Abend vertreibt.

Die Altrheininsel ist Naturschutzgebiet mit Auwald, Ulmen, Birken und Eichen finden sich im Überschwemmungsgebiet. Brennnessel, Distel, Löwenzahn und Gänseblümchen wachsen zwischen hohem Gras. Bemooste Baumleichen liegen überall herum und abseits der Wege sind die Tümpel mit den unzähligen Mückenlarven. Ein Schleppzug mit mehreren Schiffen am Stahlseil zieht seine

Tonnenschwere Last bergauf. Das Tankschiff der Reederei Alba fährt leer, wahrscheinlich Richtung Rotterdam, um nach einigen Tagen voll gebunkert mit Treibstoff einem neuen Ziel zuzustreben. Alles Alltag an und auf der Wasserstraße, die den Güterverkehr von der Nordsee zum Alpenraum ermöglicht. Und der nächste Sonnentag lässt uns den 16,8 Km langen Erfelder Altrhein paddeln. Auwald auf beiden Seiten, Enten im Uferbereich und einige Graureiher suchen vor uns ihr Heil in der Flucht. Dann die Fähre Stockstadt, der Ort hat seit der Rheinkorrektur durch Tulla seine Bedeutung als Hafen verloren. Nacheinander die Bootshäuser der Darmstädter Vereine, zwei DKV-Zeltplätze und die Erfelder Fähre. Der Schilfgürtel mit einer Bucht „Das Aquarium" darf nicht befahren werden. Bei Km 2,5 vor Einmündung in den Hauptstrom steigen wir kurz an der Knoblochsaue, so benannt nach den stark duftenden Lauchpflanzen, aus um uns den Sandstein-Obelisk „Schwedensäule", der ist eine Erinnerung an den Rheinübergang König Gustav Adolfs von Schweden 1631, zu betrachten. Wieder in den Booten ist rechts das Gasthaus Schusterwörth mit Fähre und DKV Zeltplatz. Nun ist schnell, solange kein Schiff von oben oder unten kommt, die Seite zu wechseln um in den Hafen einzuschwenken wo wir uns mit Martha und Heini treffen wollen. Das Weinstädtchen überragt von der Ruine Landskrone und der gotischen Katharinenkirche ist aus der Bootsperspektive gut zu sehen. Hinten am Ende des Hafens sind zwei Personen beim Aufbau eines Kajaks zu erkennen. „Ich hoffe das sind die beiden Mitpaddler, die wir erwarten", sage ich zu Gunda. Das sind die beiden Heidelberger Paddler. „Ahoi" rufen sie als Gunda und ich aussteigen. „Na, wie lang seid ihr schon hier?" frage ich. Heini: „seit einer guten halben Stunde", sagt er. Bis sie aufgebaut haben fülle ich nebenan an der Tankstelle den Wassersack auf. Gunda geht in die nahe Stadt und kauft noch etwas Essbares ein. Da bleibt genügend Zeit zu einer Mittagspause, bevor es weitergeht. Nach einer Stunde frage ich: „Heini können wir bald wassern oder müsst ihr noch einkaufen oder Wasser fassen?" „Es kann gleich losgehen habe alles an Bord", gibt Heini zurück.

Ohne Strömung aus dem Hafenbecken rauspaddeln und auf die Schiffe und die Autofähre, die hier zum Kornsand übersetzt, achten. Am linken Ufer bleiben wo sich der Weinort Nierstein fast zwei Kilometer entlang zieht. Es folgen die Inseln Kisselwörth und Sändchen an denen wir links im Nackenheimer Arm vorbeipaddeln. Rechts die Insel Langenau mit Hofgut und Zeltplätzen der Mainzer und Wiesbadener Paddelvereine, der Altrhein dahinter ist der „Ginsheimer". Da kommt schon die alte Römerstadt Mainz in Sicht, mit dem Dom, das Gutenberg Museum und römisch-germanisches Museum im Schloss was zu besichtigen wäre. Das ersparen wir uns, paddeln unter zwei Eisenbahn- und zwei Straßenbrücken hindurch weiter mit Blick auf Wiesbaden und die Berge des Rheingaues. Der Hafen von Schierstein und die Inseln, die den Fluss teilen, sowie die Bootshäuser und Zeltplätze interessieren uns wenig. Weiterpaddeln um bei Stromkilometer 515 die Zeltmöglichkeit im linken Arm der Insel Mariannenau nicht zu verpassen was uns auch gelingt. Es ist Werktag und der Platz ist nur für uns. Hinter einer Krippe im Kehrwasser kann prima angelegt werden. Am späten Nachmittag bleibt viel Zeit um aufzubauen. Am Abend vor den Zelten mit Blick auf den Internationalen Wasserweg, wo reger Betrieb ist, das kriegt man beim paddeln gar nicht so mit, wird es nicht langweilig. Auf der nördlichen Uferseite die alten Orte Niederwalluf, Erbach, Hattenheim und Winkel mit Weingütern und Fachwerkhäusern zwischen Strom und den Rheingauer Bergen wo die Weinreben bis in höchste Lagen wachsen. Wir vier genießen den lauen Maiabend, als die Dunkelheit über Insel und Zelten liegt ist kaum noch ein Schiff unterwegs und am gegenüberliegenden Ufer sind nun Straßen und Fenster hell erleuchtet. Früh um sechs die ersten Motorengeräusche im Morgendunst, der schwer über dem Fluss liegt und bei höherem Sonnenstand verschwunden ist. Ausgeruht und gestärkt bewegen Martha und Heini den Zweier, Gunda und ich die beiden Einer in flotter Fahrt stromab an den berühmten Weinorten vorbei. „Ach, ja, ruft Heini zu mir rüber bitte anlegen im Hafen Rüdesheim und ein paar Flaschen Wein kaufen." „Ich habe vor am Campingplatz auszusteigen und einige Schritte auf das Niederwald-Denkmal zu machen", rufe ich zurück. Wie geplant so ausgeführt, eine halbe Stunde Aufstieg und schöner Rundblick aus dreihundert Meter Höhe über Rhein und Nahe, Bingen und Rochus-Kappelle, Mäuseturm und Binger Loch. In Rüdesheim ist schon Rummel in der weltbekannten Drosselgass, Wein besorgen wir uns etwas außerhalb in einem kleinen Weinladen. Heini wählt „Hallgarten" einen trockenen Müller-Thurgau aus, Gunda und ich auch. Beladen mit einigen Literflaschen und die Wassersäcke frisch nachgefüllt schwingen wir uns in die Boote. Der Mäuseturm aus einem mittelalterlichen Zollturm wurde eine Wahrschaustation, die dem Talfahrer mit einer weißen Scheibe oder Flagge das neue Fahrwasser freigibt. Die stromauf fahrenden Schiffe nehmen immer die enge, nur dreißig Meter breite Fahrrinne durch das Binger Loch, dazu benötigen fast alle Schiffe Schlepphilfe. Von Bingen bis Kaub ist Lotsenzwang und umgekehrt auch. Das geht so vor sich: bei Bingen liegen oberhalb der Autofähre Ruderkähne damit wird ein Lotse an Bord gebracht oder einer abgeholt und an Land abgesetzt. Ein Lotse fährt nur eine Strecke, entweder er bedient die Talfahrt oder die Bergfahrt, also muss er nach der Lotsenfahrt wieder zum Ausgangspunkt mittels Lotsen-Versetzdienst zurückgebracht werden. Diesen Dienst versehen Kleinbusse der Lotsenvereinigungen zwischen Ehrental, Kaub und Rüdesheim. Die Ruine Ehrenfels, das Niederwald-Denkmal und den Mäuseturm lassen wir auf schneller Fahrt hinter uns zurück. Je nach Wasserstand kann der Rhein in der Gefällstrecke des Binger Loches die Geschwindigkeit eines Wildbaches erreichen. Paddeln am rechten noch, hessischen Ufer, gibt die Sicherheit, dass Schiffe nur von vorn zu erwarten sind. Assmannshausen und den Clemensgrund, eine Felsengruppe und Kiesbank, passieren wir schnell und ohne Gefahr am rechten Ufer. Auf der linken, rheinland-pfälzischen Seite reihen sich unterbrochen von steilen

Weinbergen, sechs Burgen auf von der Stahleck über Sooneck bis zum Schloss Rheinstein. Auf dem oberen Lorcher Werth, einer lang gestreckten Rheininsel, machen wir eine Pause. Da ist der Schiffsverkehr zu beobachten und die beidseitigen Straßen und Bahnlinien sorgen für den nötigen Lärm im engen von steilen Rebenhängen gesäumten Tal. Güterzüge mit vierzig und noch mehr Waggons rollen ständig in beiden Richtungen. Massengüter wie Sand, Kohle, Holz und Stahl, nicht zu vergessen die Tankschiffe, werden auf dem Wasser befördert. Bei Stückgut und halbfertig Erzeugnissen ist die Schiene als schnelleres Transportmittel besser geeignet. Das sind die Mittags-Betrachtungen bei Brot, Käse und Rheinwein. Bei Lorch die Ruine Nollich hoch auf dem Felsen erbaut, die Fähre nach Niederheimbach kreuzt schnell den Fluss. Links eine lange QuerbuhnenReihe kurz vor Bacharach, der Stadt mit alter Befestigungsanlage und 16 Wachtürmen, es folgt die Insel „Bacharacher Werth" dann das „Kauber Werth" und einen Kilometer weiter nach einer Längsbuhne die Felseninsel mit darauf erbauter Zollstätte Kaub. Am unteren Ende Anlegestelle mit Fähranleger und manchmal legt auch die Wagenfähre aus Kaub hier an. Für fünfzig Pfennig gibt es eine Besichtigung des Bauwerkes, der Sohn des Fährmannes erklärt und klärt auf über die einige hundert Jahre alte Anlage. Im Innenhof Pfeilerarkaden mit Holzgalerien darüber. Die außen angehängten Erkerhäuschen sollen einmal die Toiletten gewesen sein, die sind nach unten offen und da ist Wasser und Felsen zu sehen. Der flotte Strom zieht uns weiter nach Oberwesel, wo die Schönburg auf dem Felsen thront, aber die alte Reichsstadt mit Stadtmauer und Pfarrkirche interessiert uns weniger.

Wir landen am Tauber Werth auf der, der Stadt zugewandten Seite an, da als Paddlerzeltplatz ausgewiesen. Die Insel ist klein und felsig, zwei kleine Hauszelte stehen schon, es handelt sich um Frankfurter Paddler, wie wir gleich erfahren. Die dünne Grasnarbe erschwert uns den Zeltaufbau und die Bodennadeln halten nicht an jeder Stelle, wie wir das gewohnt sind. Nach längerem probieren und einigen Versuchen an anderer Stelle schaffen Heini und ich das auch. Falls nun noch jemand kommen sollte es wäre gerade noch Platz für zwei winzige Zelte. Mit den Frankfurtern freunden wir uns im Laufe des Abends noch an und beschließen am nächsten Tag eine Strecke gemeinsam weiter zu paddeln. Am letzten Haus in Oberwesel bekommen Paddler Trinkwasser und es ist leicht mit leerem Boot überzusetzen um die Wasserbehälter zu füllen. Durch Los fällt mir diese Aufgabe heute zu. Das geht folgendermaßen: auf den Aludeckel des Kochgeschirres wird ein Löffel gelegt, wir vier sitzen am Tisch, der Deckel in der Mitte, einer dreht den Löffel an und bei dem dieser anhält der holt Wasser. Das Spiel fiel auf mich als Wasserholer. Ich paddle stromauf nur hundert Meter, vor mir im Blickfeld der Ochsenturm mit Wahrschaustation der den Schiffen mit Lichtzeichen die entgegenkommenden meldet. Diskret übersieht er mich beim Wasser fassen. Freundliche Leute, wo zwei Holz-Paddelboote im Garten liegen, lassen mich an ihren Wasserhahn im Hof. Mit meinem Wassertanker bin ich gut auf der dreihundertmal vierzig Meter großen Insel angekommen. Die Geräusche von Straßen und Eisenbahnen hallen über das Wasser. Mit fortschreitender Dunkelheit kommt kein Schiff mehr vorbei und die anderen Lärmquellen werden auch weniger. Doch früh um sechs tuckert der erste Schleppverband bergwärts und treibt uns aus den Zelten. Es herrscht bald Aufbruchstimmung, jeder will heute zuerst im Boot sitzen. „Der Erste muss heute einen ausgeben", verkünde ich um die Hektik etwas einzudämmen, hilft wenig. Bald schwimmen wir der Loreley entgegen, schnell vorbei am Wahrschauer „Kammereck". In Sichtweite des fast zweihundert Meter hohen sagenumwobenen Loreleyfelsens, am linken Ufer zwei weitere Wahrschauposten mit ihren weißen und roten Flaggensignalen. Nach der engsten Stelle des Mittelrheines (117 Meter und mit 30 Meter tiefsten Stelle) suchen wir die Einfahrt zum Winterhafen Loreley um die Boote zu parken, damit wir den Aufstieg zum Felsen machen können an dem schönen sonnigen Tag.

Der steile Aufstieg dauert und wird mit schönen Aussichten belohnt. Oben angekommen geben wir den Kajakfrauen für ihre guten paddlerischen Fähigkeiten auf dem Rhein eine große Weinschorle aus. Beide möchten noch eine Burg besichtigen und nun wird der Rückweg über die in nächster Nähe liegende Burg Katz oberhalb St. Goarshausen gewählt, was einen Umweg von fast drei Kilometern bedeutet. Alle sind damit einverstanden, da wir durch den schnellen Aufbruch heute morgen zeitig dran sind. Auf dem Weg am Hang, an dessen Rändern Gänseblümchen, Löwenzahn und Kratzdistel wuchern, über den steil ins Tal abfallenden Weinbergen bieten sich einige Aussichtspunkte. Die Burg haben die Grafen von Katzenellenbogen 1393 erbaut, sie wurde vierhundert Jahre später zerstört und von Bodo Ebhardts vor etwa sechzig Jahren rekonstruiert. Nur noch Grundmauern und Keller befinden sich in ursprünglichem Zustand. Über St. Goarshausen mit dem Fachwerk-Rathaus und Teilen der Stadtbefestigung erreichen wir den Hafen und die Boote. Zuvor bekommen unsere Paddelfrauen noch ihr Eis, das Tütchen mit drei Ballen für je 30 Pfennig, spendiert.

Bevor die Faltboote vom Wasser umspült werden genehmigen wir uns einen Schluck aus der Flasche, ein trockenes Brot, Landjäger und einen Apfel aus der Verpflegungskiste. Nach dem Einstieg ein großes Kehrwasser, Wirbeley genannt, lässt die Boote auf und ab tanzen. Die Motorfähre mit einigen Autos drauf überquert den hier breiteren Rhein von St. Goar nach St. Goarshausen. Die Burg Maus am rechten Ufer über den Weinbergen von Wellmich ist auch eine Ruine. Das Ehrentaler Werth, eine Insel mit Zeltmöglichkeit ohne Wasserstelle wird links umpaddelt. Aus unserer Sicht sieht es so aus als wäre die Insel von Erlen, Weiden, Büschen und Brennnesseln völlig zugewachsen. Hirzenach und Kestert in einer Rechtskurve, nun folgen drei enge Kurven, die Burgen Sterrenberg und Liebenstein, genannt die feindlichen Brüder, Marienberg und Kreuzberg über Boppard. Am linken Ufer hoch über Wald und Weinbergen ein Aussichtspunkt „der Vierseenblick", von welchem aus der Rhein durch seine Krümmungen wie vier Seen erscheint. Nach der folgenden Rechtskurve umfahren wir den fast zwei Kilometer langen Braubacher Grund.

Vor Braubach ein Campingplatz mit gemauerter Rampe, laut da an Bahnlinie und Bundestrasse, aber zur Freude unserer Paddelfrauen mit Duschen und Waschanlage, Luxus pur stellen Heini und ich fest. Hinter uns die Marksburg als einzige unzerstörte Burg am Rhein. Dann ist da noch die Phillipsburg und die Pfarrkirche St. Martin. Von hier bis Koblenz ist es höchstens eine gemütliche Paddelstunde, wenn kein Gegenwind ist. Kann nur passieren, falls das Wetter umschlägt, nach den schönen warmen, nicht heißen Tagen ist das eher unwahrscheinlich. Nach all den Tagesmühen begeben wir uns ins fünfhundertjährige Städtchen und finden ein preiswertes Gasthaus, Essen ab zwei Mark, der Schoppen ab einer Mark, gut für einen schmalen Geldbeutel reisender Paddler. Braubach ist der erste Zeltplatz, wo wir zahlen müssen, alle vorhergehenden Plätze waren wild oder Vereins-DKV-Plätze. Das schont die Urlaubskasse, denn außer der Ausrüstung, die lange Jahre haltbar ist, der Bahnfahrt und Verpflegung sind die Kosten erträglich für uns. Der Aufstieg zur Marksburg lohnt sich wegen der Aussicht. Die drei Schornsteine hinter dem Berggipfel und weithin sichtbar gehören zur Braubacher Blei- und Silberhütte, wo schon die Römer Erze schürften. Reben und Wein, Burgen und Städtchen, wechselnde Wasserstände des Stromes machen eine Bootsfahrt auf dem Rhein nie langweilig. Wirklich erleben kann man den Strom nur vom kleinen Boot aus im unmittelbaren Kontakt mit dem Wasser. Am Abend ziehen dunkle Wolken über die Berge und es ist eine Gewitternacht zu erwarten. Was uns dazu veranlasst die Zeltnägel nochmals fester einzudrücken. Später grollt der Donner durchs Tal und mancher Blitz zuckt in der Nacht. Gegen Morgen, als es schon hell wird, nochmals ein kräftiger Regenschauer, der auf uns wirkt wie ein Wecker. Wieder mal Aufbruchstimmung, Martha und Heini wollen zeitig in Koblenz sein um noch einen Zug am frühen Nachmittag nach Heidelberg

Begegnung auf dem Rhein

zu erreichen. Beeilung ist angesagt und in einer guten Stunde besteigen wir vier die Boote. Weiter geht die Reise, Braubach hinter, Rhens mit Königstuhl, wo Kurfürsten ihren König kürten, und dem bekannten Mineralbrunnen vor uns, so erreichen wir die Lahnmündung. Oberlahnstein und Niederlahnstein, Burg Lahneck und Stolzenfels liegen sich gegenüber in Sichtweite. Vom Fluss aus gut sichtbar die „Königsbacher Brauerei" mit dem Brauerei-Ausschank und den Verladeanlagen am Ufer, wo gerade ein Schiff mit Geressheimer Glas entladen wird, vermutlich neue Bierflaschen. Nach der Eisenbahnbrücke Koblenz-Horchheim die Einfahrt zum Sicherheitshafen Rheinlache da ist das Bootshaus vom Postsportverein. Ein guter Abbauplatz für Martha und Heini, da steigen Gunda und ich auch aus um eine längere Pause zu machen. Das Haus ist bewirtschaftet mit Terrasse. Die Gewitter haben sich im Laufe des Vormittags verzogen und ab und zu kommt die Sonne, wie gewohnt, zum Vorschein. Von hier sind zehn Minuten zum Bahnhof Koblenz zu karren. „Heini wir haben nur vier Kilometer zum Kanuwanderheim Urbar zu paddeln", sage ich. „Wir müssen drei Stunden im Zug sitzen bis nach Hause", hören wir von Martha. „Schade, dass ihr schon Schluss machen müsst", sagt meine Kajakfrau Gunda mit traurigem Gesicht. „Wir haben auch nur drei Tage bis zur Heimreise", antworte ich. Die beiden schieben den Bootswagen in Richtung Bahnhof und entschwinden unseren Blicken. Gunda und ich paddeln die paar tausend Meter über den hier stark befahrenen Fluss, es wimmelt von Fracht- und Personenschiffen, dazwischen noch kleine Motorboote und Fähren, aber wir mogeln uns gut durch und landen sicher an der Pritsche des Wanderheimes.

Der Platz ist gepflegt, Rasen mit Gänseblümchen und Löwenzahn, das bewirtschaftete Haus mit Terrasse, ringsum hohe alte Bäume. Am Mittag benutzen wir die Fähre, die unmittelbar am Haus abfährt und uns in kurzer Zeit nach Koblenz ans Deutsche Eck befördert. Ein kurzer Rundgang, Burg, Innenstadt, Moselufer, Liebfrauen und Jesuitenkirche bis eine Bank am Rheinufer von uns besetzt wird mit Blick auf das geschäftige Treiben und die gegenüberliegende Festung Ehrenbreitstein. Das nächste Fährschiffchen schippert uns zurück. Zelt und zwei Personen kosten hier eine Mark fünfzig die Nacht und ein Schoppen Rheinwein achtzig Pfennig. Gute Aussichten den Etat niedrig zu halten. So vergeht Tag um Tag ohne Langeweile mit ständig neuen Eindrücken und ohne gefährliche Situationen. Was besonders die mitreisenden Kajakfrauen erfreut. Nun geht die Reise weiter die Rheininseln Niederwerth, mit einer ehemaligen Klosterkirche sowie einigen Häusern bebaut, und Graswerth erstrecken sich mitten im Fluss auf über drei Kilometer. Bendorf, Neuwied größere Städte an den Ufern, rechts der Westerwald um die vierhundert Meter hoch und links die Eifel mit vielen erloschenen Vulkankegeln.

Das Gewässer treibt uns verbunden mit mehr Paddelarbeit, da die Strömung nicht mehr so stark ist. Andernach, Stadt aus der Römerzeit, mit ausgedehnten Hafenanlagen, Kiesverladung und Hohlblockfabrikation, das sehen wir vom Boot aus. Leutesdorf und die Namedyer Insel werden in angemessenem Abstand passiert. Es ist unmöglich an jedem Eck zu einer Besichtigung auszusteigen und die Boote unbeaufsichtigt am Ufer zurückzulassen. Jeden Ort zu beschreiben möchte ich dem Leser nicht zumuten, denn für was gibt es Reiseführer, die das viel ausführlicher machen. Auf Hinweise und Randbemerkungen kann jedoch nicht verzichtet werden. Dennoch paddeln wir, Gunda das Paddelweib und ich, unaufhaltsam weiter unserem Tagesziel entgegen. „Mal sehen wie weit wir kommen, ich möchte unterhalb Remagen auf dem Platz eines Kanuvereins zelten", sage ich zu Gunda als wir nebeneinander herpaddeln. Sie fragt: „wie weit oder wie lange sind wir noch unterwegs und gibt's vorher mal eine Pause?" „Ja da kommt gleich die Insel Hammerstein, das steht im Flussführer, es muss eine da eine Möglichkeit geben anzulegen, werden wir gleich sehen sind noch einige hundert Meter", sage ich so; dass „Sie" es glauben muss. Meine Vermutung war richtig, es ist gut anzulegen, aber wegen den Schiffswellen kommen die beiden

Schiffe hoch aufs Ufer. Verschnauf, Pinkel- und Vesperpause. Eine Stunde ist bald um, weiße Wolken ziehen schnell über den Himmel, ein Musikdampfer pflügt mit ratternden Rädern stromauf. „Hebel" steht drauf und gehört den Köln-Düsseldorfern. Der ist kleiner als die 1959 in Dienst gestellte MS Berlin mit ihren 1700 Pferdestärken und Platz für dreitausend Fahrgäste, die Kabinenschiffe Europa und Helvetia, die uns auch schon begegnet sind, fahren im regelmäßigen Fahrgastdienst Rotterdam- Basel- Rotterdam, 200 Passagiere reisen in 75 Kabinen dieser Luxusschiffe. Gegenüber der Insel ist auf halber Höhe die Burgruine Hammerstein überragt von den vierhundert Meter hohen Erhebungen des Westerwaldes. Wenn wir am Ufer Pause machen stellen wir fest, dass ein reger Schiffsverkehr auf dem vielbesungenen Rhein herrscht, was beim Paddeln nicht so auffällt. Weiter auf dem schnellfließenden Gewässer mit zeitweise starkem Schiffsverkehr, der unsere Schiffchen kräftig zum schaukeln bringt. Es ist gut, dass wir die Spritzdecken geschlossen haben was vor überkommendem Spritzwasser schützt. In flotter Fahrt geht es vorbei an der Burg Rheineck, dem Mineralfreibad Niederbreisig, dem Schloss Arenfels und der alten Römergründung Sinzig. Nach der Wagenfähre Kripp, die gerade das rechte Ufer verlässt als wir zügig vorbeipaddeln, kommt die Remagener Rheinbrücke in Sicht. Die Brücke wurde im letzten Krieg zerstört, die Überreste sind noch sichtbar. In Remagen war ein römisches Kastell. Vom Fluss aus sieht man den Turm der romanischen Apollinariskirche. Unkel, Oberwinter, Rolandseck und die Inseln Grafenwerth und Nonnenwerth säumen unseren Wasserweg. Dann wieder aufpassen an zwei Wagenfähren, die von Mehlem und Bad Godesberg kreuzen den Fluss mit absoluter Vorfahrt vor uns. Königswinter und der 321 Meter hohe Drachenfels, schöne Aussicht und mit einer Bergbahn zu erreichen, lassen wir links liegen. Die Besichtigung sparen wir uns für die nächste Rheinfahrt auf. Gleiches gilt, für das nun folgende Bonn mit Bundestagsgebäude, Münster und dem Geburtshaus Beethovens. Weiter heißt heute die Devise. Die

Berge treten zurück und das Siebengebirge entschwindet unseren Blicken, der Mittelrhein wird zum Niederrhein.

Auf dem Herseler-Werth, das fast ein Kilometer lang ist, soll ein DKV Zeltplatz mit Häuschen und Pumpe sein, da legen wir an. Im linken Rheinarm finde ich über hohem Gras und Brennnesseln ein kleines schlecht zu erkennendes Schild, „da könnte was draufstehen Zeltplatz oder so ähnlich, ich steige mal aus und sehe nach" sage ich zu Gunda. Oben angelangt stelle ich fest das muss der Platz sein. „„Hallo, Gunda, aussteigen hier wird aufgebaut" rufe ich in Richtung Wasser. Die Pumpe versteckt unter hohen Brennnesseln und Brombeergestrüpp wird mit dem Spaten freigemacht. Es muss lange gepumpt werden bis einigermaßen klares Wasser zutage tritt. Zum Waschen und spülen brauchbar, Trinkwasser haben wir noch ausreichend mit. Das hohe Gras niedertreten, damit das Zelt aufgestellt werden kann, Boote raufschleppen geht leicht über das flachabfallende Ufergestrüpp, das sind nur ein paar Meter. Schnell steht das kleine Zelt, der Kocher findet Platz auf einem verwitterten fast fünfzig Zentimeter hohen Sandstein, der vermutlich mal ein alter Kilometerstein war. Der Abend wird ruhig, da im linken Rheinarm keine Fahrrinne verläuft, die Schiffe fahren auf der anderen Seite. Eisenbahn und Straßen sind hier auch weit genug entfernt. Der Himmel ist wie in den vergangenen Tagen blau und ohne Wolken. So präsentiert sich auch der nächste Morgen und sehr zeitig verlassen wir den schönen wilden Zeltplatz. „Hier hätte ich es ein paar Tage ausgehalten", sagt Gunda beim Ablegen und schiebt sich mit dem Paddel ins tiefere Wasser. Nur wenige Kilometer dann tauchen nach Wesseling und Rodenkirchen die ersten Vororte Kölns auf. Nach der nächsten großen Rheinschleife sind die Doppeltürme des Kölner Domes zu sehen, aber es sind noch einige Kilometer bis zur Köln-Deutzer Rheinbrücke. Vorher am linken Ufer Hafenanlagen, dann Südbrücke und Severinsbrücke, wir halten uns rechts um an der Rampe des Kölner Kajak-Clubs auszusteigen. Die ist gleich nach der Brücke und von hier ist nicht weit zum Bahnhof. Am linken Ufer zwischen den Brücken sind Kaimauern und Anlegestege für Fahrgastschiffe der weißen Flotte. Schnell bauen Gunda und ich unsere beiden Einer ab und können, dank der vom blauen Himmel strahlenden Sonne, bald die Bootswägelchen in Richtung Bahnhof bewegen. Köln sehen wir nur vom Rheinufer und der Brücke aus. Der Fußweg geht in unmittelbarer Nähe des Domes vorbei. Um die Stadt kennen zulernen müssten wir uns einige Tage hier aufhalten. Auf dem Fahrplan Aushang findet sich ein Schnellzug der am Abend noch Heidelberg erreicht. Also kaufe ich Fahrkarten mit Zuschlag und Fahrradkarten und blättere 55,40 am Schalter hin. Den Zug erreichen wir gerade noch rechtzeitig und fahren nun rheinaufwärts zurück, ohne Umsteigen immer am Rhein entlang bis Bingen mit vielen Möglichkeiten den Strom vom Fensterplatz aus zu betrachten. Manchmal entdecken wir Bauwerke und Burgen, die uns aus der Faltbootperspektive nicht aufgefallen waren. Weil der Blickwinkel ein ganz anderer war. Ab Koblenz verläuft die Bahnstrecke bis Bingen so im engen Tal, dass wir oft in die Hinterhöfe und Wohnungen der nahe am Gleis liegenden Häuser sehen können. Die Marksburg, der Loreley-Felsen, die Pfalz bei Kaub, die Burgruine Nollich und das Niederwald-Denkmal ziehen im Schnellzugtempo an uns vorbei. Bevor wir uns versehen, läuft der Zug im Bahnhof Bingerbrück ein. Halt in Mainz, Darmstadt und Bensheim und nach fast vierstündiger Fahrt mit zehn Minuten Verspätung im Heidelberger Hauptbahnhof wo schon an der Packwagentüre die Bootswagerl bereit stehen. Eine halbe Stunde später das Ende des zehntägigen Urlaubs am heimatlichen Bootshaus. Nach meinem ersten Arbeitstag am folgenden Abend gilt es die Boote zu säubern und aufzubauen in Erwartung der nächsten Tour.

1960 Paddeln im Gebiet der Waldler.

Von der Planung bis zur Durchführung einer Wanderfahrt auf dem Regen im Bayrischen Wald.

Im nächsten Sommer planen wir zu viert den Regen zu paddeln. Der Kleinfluss kann im Oberlauf nur bei ausreichendem Wasser bis Mai oder nach starken Regenfällen mit Faltbooten befahren werden. Vom Plan diesen Teil zu befahren nehmen wir Abstand nach dem Lesen der Beschreibung im Bayrischen Flussführer, da hat man sieben Wehre eingebaut und die sind für Faltboothäute zu gefährlich. So beschließen wir vier Lisa, Gunda, Gerd und ich in Viechtach einzusetzen. Gunda und ich sind in neuen Klepper Faltbooteinern unterwegs. Damit ist man beweglicher und das Gepäck ist besser verteilt. Bei der Bahnauskunft ist zu erfahren, dass wir um 7 Uhr 10 mit viermaligem Umsteigen etwa um 18 Uhr 45 in Viechtach ankommen, alles unverbindlich ist ja noch Zeit bis zum Sommer, man wünscht uns noch vorsorglich „gute Reise".
Die Zeit verstreicht, die Vorbereitungen gehen in die letzte Phase. Abbauen, packen Ausrüstungslisten abhaken und manches ist zu ergänzen oder zu reparieren. An den Tagen vor der Abfahrt in der zweiten Juliwoche werden Fahrkarten gekauft. Am Schalter zahlen wir dafür rund 60 Mark pro Person für die Hin- und Rückfahrt mit Zuschlag und Fahrradkarten. Am Samstag stehen wir vor sieben Uhr auf dem Bahnsteig 2 zwischen Post- und Gepäckkarren in Erwartung des Schnellzuges nach München. „Der kommt aus Paris und wird gut besetzt sein", sage ich zu den Mitfahrern. Die grüne E-Lok mit acht oder neun Waggons kommt mit kreischenden Bremsen zum stehen. Erst wenn der Ent- und Beladevorgang beendet ist können unsere Gepäckstücke im großen Packwagen verschwinden. Mit Taschen, Rucksäcken und Koffern finden wir Platz im gut besetzten 2ter Klasse Wagen. Der erste Teil der Bahnfahrt endet nach mehrmaligem Halt und fünfstündiger Fahrt

im Kopfbahnhof in Bayerns Hauptstadt München. Der Packmeister gibt die Boote raus und wir rollen schnell ein paar Bahnsteige weiter zum Eilzug nach Landshut. Da noch mal umsteigen in Richtung Plattling in den Bummelzug. Dann Nebenstrecke in den Bayrischen Wald mit umsteigen in Gotteszell. Die Bahner fahren mit den Zügen so an den nebeneinanderliegenden Gleisen, dass Packwagen an Packwagen steht und die Boote vom einem in den anderen Wagen geschoben werden können.

Nach fast pünktlicher Ankunft in Viechtach schieben wir die Boote zum Regen, die Sonne verschwindet bald hinter den bis zu 1500 Meter hohen Bergen des Bayrischen Waldes, während wir am rechten Ufer unsere Zelte aufbauen. Wir sitzen noch vor den Zelten mit Blick auf den im letzten Sonnenlicht glitzernden Schwarzen Regen. Nach ruhiger Nacht, Gerd hat heute Semmeln eingekauft, und Frühstück geht`s an den Aufbau der Boote. Das erste Stauen der Kajaks dauert etwas länger, da noch nicht alles seinen richtigen Platz findet. Gegen Mittag schwimmen alle auf dem Fluss. Erstes umtragen an der Rugenmühle etwas beschwerlich um das Mühlenanwesen herum, dann weiter auf dem fünf Kilometer langen Höllesteinstausee. Der mit einer fünfhundert Meter Umtragestelle einige Zeit in Anspruch nimmt. Weiter im Waldtal bei geringer Strömung und niederem Wasserstand. Wiesenhänge mit schwarz-bunten Rindviechern wechseln ab mit bis ans Ufer reichenden Wäldern. Dunkle Wolken und Gewitterstimmung über dem engen Tal lassen uns zügiger paddeln. Nach dem Wehr von Pulling mündet von rechts der weiße Regen, der Fluss wird ab hier nur noch als Regen bezeichnet. Rechts die Mühle davor eine frisch gemähte Wiese, Gerd legt an und will fragen ob wir hier zelten dürfen. „Es ist ein schöner Platz", sagt Lisa, Gunda: „wir bleiben hier". Gerd kommt zurück, „aussteigen, wir dürfen die Zelte aufbauen, Milch und Eier kann man hier kaufen" berichtet er. An der Schwemme, kleine Sandbucht und Viehtränke für Enten und Gänse, steigen wir aus. Die Wiese ungefähr drei bis vier Meter über Flussniveau, der Hof einige hundert Meter entfernt um uns herum einige Obstbäume und ein paar Pappeln. Donner und schwarze Wolken beflügeln den Zeltaufbau und einige dicke Regentropfen kriegen wir noch ab. Gerd und ich machen uns auf die Suche nach einer feuersicheren Unterlage für die beiden Benzinkocher. „So nun könnt ihr was kochen", sage ich den Frauen. „Die werden schon was Gutes zaubern", sagt Gerd. Luftmatratzen aufpumpen und Betten richten sowie Boote entladen sind die nächsten Arbeiten für uns. Nach gutem Essen und ruhiger Nacht, abgesehen von Donnergrollen und Hundegebell, weckt uns sehr früh die warme Morgensonne. Am Kaffeetisch beschließen wir zwei Tage zu bleiben. Erst einkaufen beim Bauer damit wir wissen was noch im Ort mitzunehmen ist. Die beiden, Lisa und Gunda, wollen zum Bauer mal sehen was es so gibt. Sie kommen mit Kartoffeln, Zwiebeln, Tomaten, Eier und Milch, zu Spottpreisen wie sie sagen. So lassen wir alles liegen und stehen, nehmen nur Foto und Wertsachen mit, und machen uns auf den Weg. Die Wanderung führt bergan in Richtung Hafenberg unter hohen Tannen und Fichten und der Weg wird immer steiler. Selten bieten sich Ausblicke ins Tal. Lisa und Gunda finden was ganz anderes, schöne große, dicke Heidelbeeren. Wir essen soviel wie wir vertragen. Lisa sagt: „wisst ihr was, wir räumen die Rucksäcke so um, dass mindestens einer leer wird und der wird mit den schönen, blauen Heidelbeeren gefüllt, so Massen findet man selten." „Der wird innen ganz blau" sage ich. „Das legen wir mit großen Blättern aus" sagen die beiden. Nach kurzer Zeit haben wir einige Pfund. An den beiden Gurten vorsichtig tragen, dann bekommen wir die Fracht gut nach unten. Am Platz füllen wir alles in drei Alutöpfe um. Nur waschen und zuckern und Eierpfannkuchen dazu, das Essen für morgen. Eier und Milch von der Bäuerin, den Zucker und Mehl aus dem ein Kilometer entfernten Pulling besorgen, wann? Morgen! Es ist vier Uhr am Mittag, Lisa und Gerd haben morgen einen Ausflug geplant, dass wir uns entschließen noch nach Pulling zu laufen um Mehl einzukaufen. „Zucker haben wir ausreichend dabei", sagt Gunda. So machen wir das und der Abend ist gerettet. Beide Kocher werden in Betrieb gesetzt, in einem Topf der Pfannkuchenteig angerührt und mit zwei Pfannen gebacken. Fleißig backen und gleich essen, wir werden gut satt, das war mal was Besonderes stellen wir einstimmig fest. Anschließend Töpfe und Pfannen an der Schwemme mit Flusssand scheuern und danach spülen als Gemeinschaftsarbeit.

Schnell und glutrot entschwindet die Sonne hinter den westlichen Hügeln. Das „Hu, hu, hu", eines Waldkauzes scheint vom anderen Ufer zu kommen. Einige Fledermäuse ziehen ihre Kreise über Wiese und Wasser und der Hund des Bauern bellt in die aufkommende klare Nacht. Der folgende Tag beginnt klar und kühl, nur langsam wird es wärmer in 400 Meter Meereshöhe wo wir am Kaffeetisch sitzen. Lisa und Gerd wollen in die nahe Kreisstadt Kötzting am Weißen Regen. „Eine gute halbe Stunde auf dem Bauernweg am Ufer ist es zu Fuß", sagte gestern die Bauersfrau. Als die beiden nach einigen Stunden zurück sind frage ich neugierig: „Was gab`s denn zu entdecken?" „Zwingerbefestigungen und Schloss, die Pfarrkirche und Sankt Anna Kapelle", antwortet Gerd. „Wir haben ein paar faule Stunden gehabt Rauchschwalben und bunten Libellen zugeschaut wie sie ihre Kreise drehen", sagt Gunda. Leichter Wind bewegt Grashalme und Wiesenblumen. Der Bauer mäht weiter oben und schwingt mit gleichmäßigen Bewegungen seine Sense. Kuhglocken klingen blechern, aber von den Viechern keine Spur. So vergeht die zweite Nacht beim Bauern. Gerd geht um zu bezahlen und kommt bald zurück. „Vier Mark für alles, habe fünf gegeben in der Hoffnung ihr seid damit einverstanden", berichtet er.

Nächster Tag, verlassen liegt der Platz nur etwas niedergetretenes Gras, lassen wir zurück. Nach Westen auf klarem Wasser mit leichter Strömung weiterpaddeln, es geht nicht anders. Im flachen weiten Talboden mit Wiesen, Viehweiden und Äckern, wo Weizen und Gerste angebaut ist, sind vereinzelt Bauernhöfe. Die Dörfer werden von den Kirchtürmen überragt und die Berge im Hintergrund sind um siebenhundert Meter hoch. Einige Brücken verbinden beide Ufer und manchmal fährt ein Traktor oder ein Pferdegespann über uns hinweg, auf der Brücke natürlich. Wildenten und Schwäne sind selten oder sie ergreifen rechtzeitig die Flucht vor unseren Paddelschlägen. Amseln, Meisen und Tauben fliegen über uns hinweg. Ein Wehr bei Chamerau ist einfach zum überheben. Vorsichtig auf die Krone fahren, auf dem Wehr aus dem Boot, um es dann über die stark bemoosten Steine nach unten zu rutschen. Dabei immer an der Leine halten. Im Unterwasser einige Meter schieben und wenn's wieder tief genug ist mit den nassen Füßen einsteigen. Jeder Paddler entwickelt mit der Zeit seine eigene Technik. Danach kurvenreich und es sieht aus als würden wir wieder zurückpaddeln. Ist nicht so gibt nur mehr Kilometer. Links Chammünster, eine gotische Stiftskirche mit kleinem Kirchdorf, am Ufer zwei „Waldler", wie die Einheimischen oft genannt werden schauen uns nach, ob die ihren „Schmalzler" mit haben? Das ist ein Brasiltabak, der hier nach alten Rezepten zubereitet und eifrig geschnupft wird. Um seine Wirksamkeit auf die Geruchsnerven zu steigern, wird ihm Kalk zur Erhaltung des Aromas und auch Schinak (was auch immer das ist?) zugesetzt, geschnupft wird er aus buntbemalten Gläschen in der Form kleiner Feldflaschen, die meist mit einem Eichhornschwänzchen verschlossen werden.

Die Strömung hat uns verlassen, die Stadt Cham mit einem Wehr ist erreicht, einfach umzuheben, ähnlich wie das von Chamerau, gleich danach eine Wiese. „Sieht aus wie ein Zeltplatz", sagt Gunda. „Fragen kostet nichts, lass mal die Paddlerinnen aussteigen und das erkunden", höre ich von Lisa. Die beiden machen sich auf den Weg zum Haus. Gleich darauf Hundegebell ein Zeichen dafür, dass sie am Haus angekommen sind. Gerd und ich hocken und warten was da kommt. „He, raus hier bleiben die Leinwandhäuschen aufstellen", kommt von oben. Befehl ist Befehl und es geht alles in gewohnter Weise bei einer eingespielten Mannschaft, wenn diese auch nur aus zwei oder vier Personen besteht. „Dort ist das Haus mit einfacher Waschgelegenheit und Klohäuschen,

Umsetzen am Wehr

die Benutzung ist frei, nur eine Spende ins Sparschwein der Kinder", hören wir von Lisa. Gunda berichtet. „Milch, Eier, Mehl und anderes gibt es auch hier." Die Wiese ist uneben und zwischen Maulwurfhügeln, Mauselöchern und Gänsekacke ist der Zeltaufbau nicht so einfach. Gerd hat nach jedem Paddeltag einen Wander- Ruhe- oder Waschtag vorgesehen, wenn Wind und Wetter mitspielen. Nach dem sehr warmen Sommertag erwarten wir einen angenehmen Abend und eine laue Nacht. Mückenschwärme tanzen über dem Wasser, Schwalben drehen hoch am Himmel ihre Kreise und auf dem nahen Obstbaum wartet ein Raubvogel, vermutlich ein Bussard, auf fette Beute. Einmal täglich, möglichst am frühen Abend, wird gekocht heute Nudel mit Hackfleischsoße und frischem Kopfsalat bei der Bäuerin für zehn Pfennige erstanden. Ein paar Flaschen Bier vom Kötztinger Brauhaus liegen im angebundenen Netz zur Abkühlung im Fließwasser am Ufer. Später prächtiger Sternenhimmel, ich kann nur den großen und kleinen Wagen erkennen, zu mehr reichen meine Kenntnisse nicht. Ein, zwei oder mehr Hunde bellen in Richtung Haus. Eine schwarz-weiße Katze hat ihren Schleichweg zwischen den Zelten. Das Wasser gurgelt über Steine am Ufer und es raschelt im Gras, Igel, Maus oder Has`? „Die Vorräte sicher verstauen in der Nacht" rate ich den Frauen.

Der neue Tag mit üblichem Dunst, taunassen Wiesen, Spinnennetze mit unzähligen in der tiefstehenden Sonne glitzernden Tautropfen lässt einen schönen Tag erwarten. Der Tisch ist richtig nass und über das Zelt und die Spannleinen perlen Wassertropfen auf die Wiese. Die Kocher brummen und in den kleinen Alukesseln dampft das Kaffeewasser. Als Gerd und ich vom rasieren kommen, was wir sonst auch mit Flusswasser machen, steht der Kaffee und Hafermüsli bereit. Die Tische stehen in der Sonne wo nun angenehm zu sitzen ist. Der Rundgang in die älteste Stadt des Bayrischen Waldes mit ihren zehntausend Einwohnern interessiert uns. Leere Bierflaschen nehmen wir mit in der Hoffnung volle zurückzubringen in den beiden Rucksäcken. In der Kreisstadt viele alte Häuser, Kloster, Stadtpfarrkirche St. Jakob mit Deckenmalereien, Stuckaturen und Altären, spätgotisches Rathaus und das Burg- oder Biertor. Was an die Flaschen erinnert, es gibt „Meierbräu" ab Brauerei mit Probetrunk und Einkauf die Flasche zu Zwanzig Pfennig. Das schleppen wir gerne zu den Zelten zurück. Dort angekommen gibt es Wurst mit Brot und jeder ein „Meierbräu". Anschließend in einer Stunde hoch auf den Buchberg zweihundert Meter über Tal und Stadt mit herrlichem Rundblick. Schweißtreibend mit Einkehr im Brauerei-Biergarten als Abschluss. Fast ist der sechste Urlaubstag zu Ende, die Paddelfrauen dürfen noch mal ihre Kochkünste beweisen. Heute haben wir einiges gesehen, niemand verletzt, keiner krank, nix geklaut oder beschädigt. Nach ruhiger Nacht und Entrichtung des freiwilligen Obolus bei der freundlichen Bäuerin tauchen wir die Paddel fleißig ins Wasser um weiter zukommen. „Es ist wieder einige Zentimeter gefallen" stellt Gerd fest. Es ist noch tief genug und wir müssen gut aufpassen um nicht mit scharfkantigen Steinen in Berührung zu kommen. Das Gestein in der Hauptsache Granit, Gneis und Glimmerschiefer ruft die dunkle Farbe des Flusswassers hervor. Die riesigen Wälder mit Birken, Föhren, Fichten, Tannen und Buchen sind der Reichtum und Schönheit dieser Mittelgebirgslandschaft. Viele Tiere, Rehe, Dachs, Fuchs, Habicht, Turmfalke und andere sind häufig anzutreffen. In mehreren Windungen zieht der Fluss seine Bahn durch diese fruchtbare Niederung. Die Flussufer haben ihre eigene typische Vegetation mit Weiden, Erlen und Birken. Zweimaliges Über- und Umheben ist eine willkommene Abwechslung an dem heißen Sommertag. Bis heute, die halbe Strecke nach Regensburg liegt unsichtbar hinter unserem Kielwasser, haben wir keinen Paddler angetroffen weder auf dem Wasser noch auf einem Zeltplatz. Es geht nun lebhaft weiter, das Wehr Roding ist verfallen und mit einiger Vorsicht glatt fahrbar ohne Grundberührung. Roding mit viertausend Einwohnern ist eine kleine Stadt mit neuer Kirche angebaut an einen alten barocken Turm. Nach zehn Minuten am linken Ufer zwei Treppen ins Wasser mit verrostetem Geländer dahinter eine Wiese und eine Holzhütte, sieht aus wie ein ehemaliges Flussschwimmbad, aussteigen und anschauen beschließen wir.

Unsere Vermutungen bestätigen sich es scheint Jahre nicht mehr benutzt zu werden. „Da bleiben wir", höre ich Lisa sagen. Auf der anderen Seite liegt ein Nachen, dahinter, halb von Gebüsch und Bäumen verdeckt ein Haus. Ich paddle rüber um näheres zu erfahren. Im Gemüsegarten hinter dem alten Steinhaus treffe ich eine Frau, die frage ich ob wir drüben zelten könnten, ihren Dialekt verstehe ich kaum, ich höre heraus, dass ihr die von uns angepeilte Wiese sein muss und wir können bleiben. „Also, die Frau will sich ein paar Mark nebenbei verdienen und wir können bleiben „berichte ich nach meiner Rückkehr. Die Frauen im Chor:

„Morgen machen wir Waschtag, der Platz ist prima". Wieder Boote raus, Zelte hinstellen, eine fast tägliche Routinearbeit nimmt ihren Lauf. Blauer Himmel mit Sonne und Schatten unter den alten Bäumen ein wirklich idealer Platz. Da steigt drüben die Frau und ein Mann in den Nachen, er macht das Schloss auf und zieht an einem Stahlseil, das unter Wasser liegt den Kahn zu unserem Ufer und macht ihn wieder fest. So erfahren wir es war vor Jahren das Rodinger Freibad. In zehn Minuten Fußweg gelangt man auf dem ehemaligen Fahrweg ins Städtchen erklären sie uns in ihrem für uns fast unverständlichen Dialekt. Nächster Morgen, Waschtag für die Paddelfrauen, wir machen uns bald auf den Weg nach Roding. Brot, Obst, Spagetti, Tomaten und Bier soll dabei eingekauft werden. Nach einem Rundgang und einigen Fotos, kaufen wir ein und treten den Rückweg an. Am alten Schwimmbad flattert die Wäsche wie früher in Omas Garten. Der Mittag beginnt mit einem Ausflug zur Burg Regenpeilstein mit einem tollen Ausblick über das liebliche Tal. Bei dem Weiler Windfang mit einer Nachenfähre für zehn Pfennige die Person übersetzen um am Fuße des Palmberges auf einem Trampelpfad zur Wallfahrtskirche Heilbrünnel zugelangen. Diese ist fast gegenüber unserer Zelte, nun gibt es zwei Möglichkeiten auf die andere Flussseite zu gelangen entweder den Umweg über Rodinger Brücke oder die Frau fragen ob sie uns übersetzt. Letzteres ist praktischer und der Platz wird gleich mitbezahlt. Wäsche abhängen machen die Frauen, denn sie haben die Wäsche auch aufgehängt. Gerd hat den Grieben Reiseführer Bayrischer Wald vor sich und liest vor: „Walderbach, ehemaliger Ordenssitz mit Klosterkirche, alter romanischer Basilika und der Klosterbrauerei Reiserer". Das ist nicht weit morgen und so müssen wir uns nicht beeilen.

Flott geht es voran um große und kleine Felsen ist herumzukurven. Drei Wehre zu überheben, umtragen oder fahrbar? Weizenfelder, Viehweiden, Maisanbau und dunkle Wälder beleben die Ufer. Das Wehr beim Sägewerk Wiesing muss wegen des geringen Wasserstandes getreidelt werden. Ich steige aus und schiebe mein Boot über die Steine nach unten und nehme die anderen Boote nacheinander an den Leinen, bis das vierte im Unterwasser liegt und alle einsteigen können. Heute kaum Sonne, der Himmel ist bewölkt, da ist angenehm zu paddeln. Das alte Wehr Walderbach kann leicht umgetragen werden, danach die Zeltmöglichkeit beim dem Gasthaus „Wankerl" steht am Ufer ein Schild mit der Aufschrift „Zeltwiese für Bootfahrer, bitte im Gasthaus melden" machen wir, denn Gerd hat morgen den vorletzten Ausflugstag eingeplant denn er meint: „Es soll nicht wild drauflosgepaddelt werden, etwas Kultur, Land und Leute gehört dazu." Übliche Abendanlandebeschäftigung, welch fürchterliches Wort wurde von mir erfunden nicht von Rittlinger dem Paddelpabst, hält uns in Trab. Keiner meckert über diese Urlaubsbeschäftigung, merkwürdig. Lisa und Gerd machen Kulturtour zum Kloster, vermutlich durch Mönche aus Maulbronn gegründet, die Kirche mit Altären, Malereien und quadratischen Pfeilern finden ihr Interesse. Gunda und ich ziehen einen ruhigen Tag am Platz vor und am Mittag machen wir Bekanntschaft mit fünf Faltbootfahrern aus dem Ruhrgebiet, die mit wenig Gepäck in zwei Tagen von Roding nach Regensburg paddeln wollen und sich nach Einkehr im nahen Gasthaus schnell wieder davon machen. Die Wolken halten sich, aber die Luft ist warm, trocken und schwül. Fast Gewitterstimmung zur Sicherheit spanne ich alle Zeltleinen nach, falls es noch gewittern sollte. Müde kommen die beiden zurück „na wie war`s?" ist meine neugierige Frage. „Gut und schön, ich habe einige Fotos gemacht", gibt Gerd zurück. Lisa meint „hoffentlich verschlechtert sich das Wetter nicht, es weht ein kräftiger Westwind durch das Tal." Abend und Nacht sind ohne Regen vorüber gegangen und es hat abgekühlt. Heute sind 25 Km zu bewältigen mit vier Wehren, alle müssen umgetragen werden bei dem Wasserstand und unserer Beladung. Die Fahrt geht durch die Nittenauer Mulde eine Hochebene, wo Berge und Wald etwas zurückgedrängt sind. Nur Wiesen, Felder und Äcker wo ab und zu ein Pferdegespann oder ein Bulldog mit Anhänger zu sehen ist. Von Viechtach bis zur Mündung ist der Flusslauf 159 Km lang mit einem Gefälle von fast hundert Metern, das nutzen fünfzehn Mühlen, Säge- und Kraftwerke zur Energiegewinnung aus, davon sind heute nur noch wenige in Betrieb und einige Wehre sind verfallen. Mit griffbereitem Regenzeug sind wir unterwegs. Am Wehr Nittenau mit Sägewerk können die Boote in der alten Floßgasse über eine Bohlenwand leicht umgehoben werden um unten gleich wieder einzusteigen. Kaum haben wir alles umgehoben wird die Turbine abgestellt und das wenige Wasser läuft uns unter den Kielen davon. Es bleibt nichts anderes übrig als vierhundert Meter durch seichtes Gebiet zu schieben bis Wasser vom Leerschuss zufliest. Das bleibt noch lange in Erinnerung, mir jedenfalls.

Die Strömung ist nun flotter und es geht zügig weiter, bevor dann das Schloss Steffling über dem Tal sichtbar wird. Die Sonne hat sich immer noch nicht gezeigt, Libellen schwirren über das Wasser, das vor meinem Bug über die Wehrkrone rauscht. Gleich stelle ich fest es ist einfach an der alten Floßgasse zu überheben. Kleine und große Steine im knietiefen Flussbett, um die herumgepaddelt werden muss. Weißenhof, das Tagesziel eine kleine Wiese zwischen Strasse und Wasser bei einem Bauern, da steigen wir gegen Mittag aus den Lucken. Um Erlaubnis fragen übertragen wir Lisa und Gunda die verstehen es gut mit Bäuerin oder Bauer zu verhandeln. Am Ufer und auf der Wiese sind hohe Bäume und der Wald reicht bis an das Wasser. Viele Ameisen sind unterwegs und Käfer laufen durchs Gras und Maulwurfhügel machen alles etwas wellig, das stört den Lageraufbau jedoch wenig. Die Kajakfrauen sind mit guter Nachricht zurück: „eine Mark, Person und Nacht, Toilette und Wasser am Haus", erzählen sie uns. Vor dem Aufstellen ist erst mal Brotzeit mit Hausmacher Wurst, Bauernbrot und ein Bier haben wir uns verdient nach vier Stunden paddeln. Morgen, Donnerstag der letzte Tag zum wandern und ausspannen, dämmert mit dunkler Bewölkung herauf. Alles gut festmachen vor der Wanderung und Regenzeug mitnehmen lautet die Devise als wir uns auf den Weg machen mit Fotoapparaten und Schirmen. Der beschwerliche Waldweg, der durch hohen, dunklen Mischwald zur Burgruine Stockenfels, auch „Geisterschloss" genannt, führt ist länger und weiter als dies auf der deutschen Generalkarte ersichtlich ist. Wunderbarer Ausblick über das Tal, der Fluss nimmt seinen Weg nun in südliche Richtung und fließt der Donau entgegen. Dann werden wir vom Gewitter überrascht und suchen Schutz unter einem Überstehenden Dach eines Bauernhauses. Durch die offene Tür, dahinter scheint Küche und Wohnzimmer gleichzeitig zu sein, ist eine alte Frau an einem Spinnrad beim Schafwolle spinnen zu beobachten. Hungrig zurück, das Gewitter ist abgezogen und der Himmel zeigt sich von seiner freundlicheren Seite, hohe Wolken mit einigen Lichtblicken. Gunda zaubert aus den letzten Vorräten etwas schmackhaftes, Gemüseeintopf mit Rindswürstchen. Ein großer Heuhupfer macht mit langen Sprüngen durchs Gras. Schleimige Schneckenspuren entferne ich mit dem Schwamm vom Überdach und eine braune Spinne hangelt sich geschickt am vorderen Zeltstab empor. Ein grau-weißer Flussregenpfeifer sitzt auf einem großen Stein nahe dem Ufer. Die Dämmerung beginnt und wir sitzen im Petroleumlicht beim Bier.

Wieder auf dem Wasser zur letzten Etappe, nach einem fünfhundert Meter hohen Bergrücken wendet sich der lebhafte Fluss nach Süden der Donau zu. Flotte Strömung, bedeckter Himmel die Sonne lässt sich nur selten sehen und die längste Tagesstrecke gilt es heute zu paddeln. Wehr Ramspau, die Floßgasse geschlossen, das Umtragen gestaltet sich etwas langwierig. Weiter geht`s die Berge sind rechts und links bis zu vierhundert Meter hoch. Unter den Booten im knietiefen, klaren Wasser huschen die Fische hindurch, Äsche, Elritze, Grundel und Zander sollen hier vorkommen erzählen die Angler. Das Wehr Regenstauf ist gut und ohne Grundberührung fahrbar, alle kommen unbeschadet ins Unterwasser. Weiter, schnell ist Regensdorf erreicht und das Wehr links umgetragen. Das Tal weitet sich, der Fluss tritt in das Donautal ein, die geöffnete Floßgasse der Pielmühle stellt sich als glatt fahrbar heraus. Ich paddle voraus und weise Gerd, Gunda

Am Waldrand

und Lisa vom Kehrwasser aus ein. Die Großstadt rückt näher, bis fast ans Ufer sind die Vororte von Regensburg herangebaut. Nur noch wenige Kilometer zur Mündung. Die zweitausendjährige Stadt mit mittelalterlichen Bauten, Denkmälern und Kirchen, überragt vom Dom St. Peter, eines der bedeutendsten gotischen Bauwerke Süddeutschlands kommt immer näher, man riecht sie schon. Während die Abendsonne mit letzten Strahlen die Steinerne Brücke zu vergolden scheint stellen wir unsere Zelte beim Regensburger Ruderclub auf. Morgen ist Abbautag und viel Zeit zum reinigen und verpacken der Ausrüstung. In der Nacht zum Sonntag schlafen wir auf den Luftmatratzen im Bootshaus der Ruderer, den der Schnellzug fährt so früh, dass wir schon um sieben Uhr auf den Bootswagenachsen sein müssen. Zwei Kilometer sind es über die Steinerne Brücke, mit Blick auf die Donau, durch die Stadt zum Bahnhof. Randsteine, Kanaldeckel und Pflasterstrassen bilden Hindernisse, die ein schnelles vorankommen verhindern. Bei Lisa macht sich der Radgummi von der Felge, er muss wieder aufgelegt werden. Der Bahnhof wird dennoch rechtzeitig erreicht und nach acht Stunden Bahnfahrt erreichen wir: „Heidelberg Hauptbahnhof" und ohne Zwischenfälle das Boothaus am Neckar bei Kilometer vierundzwanzig. Als Abschluss noch für jeden ein Bier zu 45 Pfennig im Gasthaus Brückenkopf.

1961 Auf den Spuren der Ulmer Schachtel

„Faltbootfahrt auf der schönen blauen Donau"

Das Reisen mit dem Faltboot erfordert viel Vorbereitungszeit. Genaue Planung ist der halbe Urlaub. Wann soll die Fahrt stattfinden? Einsatzstelle, Flussstrecke, Schwierigkeiten, Anfahrt und Rückfahrt, Teilnehmer wer fährt mit, wann, wo und wie, alles muss im Vorfeld geklärt werden. Vier oder mehr Personen, welche Boote Einer oder/und Zweier. Im Winterhalbjahr ist Zeit für Vorbesprechungen, mehrere Treffen sind dazu notwendig. Die Wahl fällt auf die Donau von Ulm bis Wien 651 Kilometer, Ende Mai bis Mitte Juni, mit der Bahn nach Ulm, auf eigenem Kiel nach Wien, von dort mit dem Personenschiff hoch nach Passau und per Bahn retour. Mitpaddler sind Willi und Helga im Faltbootzweier Gunda und ich im T6 Einer. Frühzeitig ermittle ich die Zugverbindungen und Preise, den Flussführer und die Donaukarte Passau bis Wien studieren wir genau. Der Strom ist mit 2850 Kilometer doppelt so lang wie der Rhein und damit nach der Wolga der zweitlängste Fluss Europas. So rückt langsam der Urlaubstermin näher. Eine Woche vorher abbauen und verpacken, das haben wir oft genug geübt, zwei Tage vor Abreise, Fahrkarten kaufen, letzter Tag Bootsgepäck zur Gepäck- Aufbewahrung im Hauptbahnhof bringen. Haben wir alles eingepackt und nichts vergessen, Geld, Pässe, Paddel und, und – wird sich in den ersten Tagen herausstellen.

Abfahrtstag, Samstag sehr früh mit dem restlichen Gepäck zum Bahnhof, mit Gepäckschein die Boote abholen, durch die Sperre mit Fahrkartenkontrolle und über Treppen das Gepäck zum Bahnsteig. Wo sind die Packwagen, das ist einfach wo die Post- und Paketwagen schon stehen, da rollen wir hin. Schon rollt der D-Zug nach München mit schreienden Bremsen ein. Die letzten, die einladen dürfen sind wir, es geht schnell, obwohl die Bootswagen hochgehoben werden müssen, da der Waggon höher ist als das Bahnsteigniveau. Im Wagen nebenan sind vier Plätze frei und der Zug rollt rumpelnd über Weichen und Gleise aus dem Bahnhof in Richtung Süden. Heidelberg und der Königstuhl entschwindet unseren Blicken und wir rollen im Hundertkilometertempo an den Vororten vorbei. Der Kraichgau begleitet den Schienenweg links und rechts geht der Blick ins Rheintal über Felder, Äcker und Kiefernwälder. Wieder kreischen die Bremsen zum Halt, da steigen viele aus und ein, am Packwagen flinke Hände bei der Ladearbeit. Weiter rattert der Zug zum nächsten Haltepunkt das wiederholt sich noch viermal bis zu unserem Zielbahnhof Ulm. In Stuttgart längerer Aufenthalt beim Umspannen der Lok. Etwas Verspätung, endlich Ansage und Abpfiff, über den Neckar, Bad Cannstatt und weiter nach Göppingen, Albaufstieg dann geht's abwärts das Ulmer Münster ist schon von weitem zu erkennen. „Fertigmachen zum Aussteigen gleich kommt Ulm", sage ich zu meinen Mitpaddlern. Schnell nehmen wir die Gepäckberge aus dem Packwagen. Noch mal die Gurte kontrollieren und nachspannen. Am Ausgang rechts in die Friedrich Ebert-Strasse zur Eisenbahnbrücke mit Fußgängersteg und Blick auf die Stadt am linken Württembergischen Donauufer. Das Südufer ist Bayrisches Gebiet und Neu Ulm nicht weit davon das Bootshaus der Ulmer Kanufahrer. Über Treppen und Treidelweg erreichen wir unseren Startplatz.

Die Donau ist ein geschichtsträchtiger Strom der sein Wasser und das seiner vielen Nebenflüsse ins Schwarze Meer befördert. „Donau" der Name entstammt dem Indogermanischen danu „Fluss". Später bei den Römern „Danubius" genannt. Seit 1837 verkehren regelmäßig Dampfschiffe mit etwa 650 Tonnen. Älter ist die Flößerei und die der Ulmer Schachteln welche wieder hochgezogen „getreidelt" wurden von Pferden oder Menschen auf teilweise noch vorhandenen „Treppelwegen" entlang der Ufer.

Es ist früh am Mittag, ausreichend Zeit zum Aufbau von Zeltgehäuse und Transportmittel. Alles machen wir sorgfältig und gewissenhaft, denn gut vier Wochen sind wir damit unterwegs bei Wind und Wetter und den wechselnden Wasserständen, des nach jedem Kilometer größer werdenden Stromes. Heute wissen wir noch nicht was uns alles erwartet. Ich habe mir vorgenommen wachsam zu sein und kein Risiko einzugehen. Die Zelte ein einfaches Klepper-Hauszelt mit selbstgemachtem Überzelt aus Nessel mit essigsaurer Tonerde imprägniert und ein kleines Steilwandzelt stehen schnell auf der gemähten Wiese. Der Bootsaufbau geht in gewohnter Weise vonstatten. Eine Brotzeit mit Bayrischem Bier genehmigen wir uns in der Gaststätte der Ulmer Kanufahrer. Der schöne Sommerabend an der träge dahinfließenden Donau, bedingt durch den Rückstau des Wehres Böfinger Halde, vergeht viel zu schnell. Früh erwärmt die Sonne die Zelte und lässt es uns nicht länger in den Schlafsäcken aushalten. Enten flattern erschreckt auf als ich ritsch-ratsch den Reißverschluss öffne und am Ufer schwimmt ein Schwanenpaar mit vier grauen Jungen. Heute ist Stadtbesichtigung nach dem Frühstück angesagt. Ulm wurde im letzten Krieg zu zwei drittel zerstört, der 160 Meter hohe Münsterturm blieb fast unversehrt. Am Münster wurde über fünfhundert Jahre gebaut. Heute ist fast alles wieder aufgebaut. Das schiefe Haus, der Marktbrunnen, Schwörerhaus, Kornhaus und viele Fachwerkhäuser sind sehenswert. Anstrengend die vielen Stufen auf den Münsterturm mit herrlichem Ausblick auf Ulm, das Donauries im Westen und die schwäbische Alb im Norden und

Osten hat uns gut gefallen. An der Adlerbastei vorbei, wo einst der Schneider von Ulm seinen missglückten Flugversuch unternahm geht der Weg zurück zum Bootshaus. Letzte Vorbereitungen für den Start morgen nehmen wir vor, Willi stellt die Steueranlage des Zweiers richtig ein. Gunda macht ihr Boot mit der Spritzdecke dicht. Einzige Störung in der Nacht die Nähe der Eisenbahnbrücke, das Geräusch weckt mich mehrmals aus dem Schlaf. Die erste Packerei läuft noch nicht so gut, das wird sich nach zwei bis drei Tagen bessern. Zelte, Luftmatratzen, Schlafsäcke und Regenkleidung, nicht vergessen die Unterwegsverpflegung zum Schluss. Wasservorrat haben wir, entgegen unseren Gewohnheiten, wenig an Bord, da meist an Bootshäusern übernachtet wird. An einem Großfluss wie die Donau ist wild zelten fast nicht möglich. Auch Einkaufsmöglichkeiten gibt es alle paar Kilometer. Geplant ist gegen acht Uhr aufstehen und etwa um zehn Uhr aufs Wasser und vier bis sechs Stunden paddeln, alle zwei Stunden je nach den Möglichkeiten eine Pause. Mal abwarten ob sich das so machen lässt meint Gunda als ich ihr das erklärte. Die Strömung macht so sechs bis acht Kilometer in der Stunde plus paddeln, da könne leicht zehn Km/h stündlich erreicht werden. So etwa meine Vorstellungen bei jeweils zwölf Fahrten- und Ruhetagen.

Endlich zu Wasser letzter Blick auf die Stadt und Neu-Ulm unter vier Brücken hindurch, vorbei an einer kleinen Schiffswerft. Der Rückstau des ersten Wehres lässt uns gleich kräftig in die Paddel greifen. Auwälder bis an beide Ufer, die Wehrbauten kommen näher. Es ist eine Kahnschleuse vorhanden, die Kurbel dazu muss ich beim Wärter holen und Selbstbedienung machen, auf einer großen Tafel genaue Bedienungsanweisung. Ich drücke das Obertor auf und die andern können reinpaddeln, Willi mit meinem Kahn im Schlepp. Tor zu, untere Schieber aufmachen mit der Kurbel, das Wasser läuft langsam aus und die Boote sinken nach unten. Nun ist das Untertor aufzukurbeln und man kann ausfahren. Zum Schluss ist das Tor wieder zu schließen und am oberen Tor der Schütz aufzukurbeln damit die Kammer wieder voll wird. Nun sind es 25 Stufen zum Einstieg wo mein Boot einstiegbereit liegt. Die erste Paddelstunde ist damit Geschichte. Dann geht es flott weiter, es fließt viel Donauwasser über die Wehrfelder, links das Donau-Moos mit dichten Auwäldern und rechts niedere Büsche, dahinter etwas erhöht der Bahndamm. Viele Angelplätze aber nur selten ist zu dieser Tageszeit ein Angler zu sehen. Es folgen an beiden Ufern Baustellen und die Staustufen-Baustelle Leipheim, deren Fertigstellung in zwei Jahren geplant ist. Noch ist die Durchfahrt gefahrlos und ohne Behinderung möglich. Hoch über uns die Autobahnbrücke Ulm-München wo die Dehnfugen laute Geräusche von sich geben. In mäßigem Tempo treiben wir an Leipheim vorbei ohne es zu Gesicht zu bekommen und von Schloss und Marktplatz können wir nur träumen. Aus der Kajakperspektive versperrt der niedere Auwald die Sicht.

Von Norden, aus dem Auwald kommend, ein kleiner Zufluss die Nau. Kurz danach rechts Günzburg, alter Schifferort mit Renaissance-Schloss, und die Mündung des Voralpenflusses Günz. Beidrehen gegen die Strömung und an der Kiesbank im Kehrwasser anfahren zu einer kleinen Pause. Enten fühlen sich gestört und fliegen laut schnatternd davon. Nach einer vollständigen Verbauung zur Stromgewinnung wird der Paddler diesen Platz nicht wiederfinden. Bei Stauhöhen von im Mittel fünf Metern wird einiges der Uferlandschaft in den Fluten verschwinden. Doch weiter, mein Bug wird von dem Stromzug herumgerissen und ich muss mit einigen Paddelschlägen die Richtung korrigieren. Am teilweise abgeholzten Ufer sind erste Anzeichen beginnender Bauarbeiten zu erkennen. Die Generationen nach uns können nur noch Stauwasser paddeln. Eine alte Eisenfachwerk-Straßenbrücke überspannt den Fluss dahinter ein Pionier- Übungsgelände. Bei Übungen muss rechts umtragen werden. Auf der Anhöhe Burg Reisenberg. Kurz hintereinander Eisenbahn- und Straßenbrücken Offingen, Abstand von den Pfeilern halten, da unter Wasser breiter Sockel. Ja, auf was man so alles achten muss auf dem schnellen Fluss. Die Brenz bringt Wasserzuschuss aus der Schwäbischen

Alb mit. Lauingen links in Sicht, ein altes Städtchen, sehenswert altes Schloss, Hofturm und spätgotisches Martinsmünster. Das Donauries mit seinen Auwäldern liegt hinter uns. Felder und Wiesen, Weiden und einzelne Baumgruppen bestimmen die Landschaft. Ab und zu ein Pferdegespann oder ein Traktor, in weiter Entfernung eine Kirchturmspitze ist fast alles was die Umgebung bietet. Auch Straßen und die Bahnstrecke sind weit vom Ufer entfernt. Schnelle Strömung und fleißige Paddelarbeit, Gunda und ich haben Mühe das Tempo der Zweiermannschaft zu halten. Es geht an Lauingen, einem alten Städtchen mit Hofturm aus der Schwedenzeit, zügig vorbei. Unter einer Straßenbrücke hindurch, die uns kurz Schatten bietet vor der sengenden Mittagssonne. Ohne Pause, mit Strecken wo Treiben lassen und Paketfahrt angenehm ist, erreichen wir am frühen Nachmittag das Vereinsgelände des Kanuclub Dillingen. Schön gelegen in Stadtnähe und gastliche Aufnahme, unweit das Gasthaus „Donaubrücke". Nachdem das Lager errichtet ist und der Kaffee in den Bechern dampft ist erst mal Ruhe. Später machen wir noch einen kurzen Stadtrundgang in die ehemals fürstbischöfliche Residenz und Universitätsstadt mit Stadtpfarrkirche und Schloss. Gunda und Helga sind für die Verpflegung zuständig und füllen den Küchenvorrat auf, da manchmal zusammen für alle vier gekocht wird mit zwei Kochern ist das einfacher. Der Spaziergang endet bei diesem bayrischen Kaiserwetter im Biergarten mit Weizenbier.

Morgens um acht wärmt die Sonne so, dass wir schnell aus den Federn kommen und zeitig auf dem Fluss die Paddel schwingen. Der Himmel ohne Wolken im gewohnten blau im Gegensatz dazu die Donau eher grau in grau. Von wegen an der schönen blauen Donau, keine Spur. Selten springt mal ein Fisch aus den trüben Fluten. Waller, Wels und viele andere Arten sollen hier vorkommen. Wasservögel, Enten und Schwäne sind selten, das kommt durch die starke Strömung da fühlen die sich nicht wohl. Alle paar Kilometer Brücken, manchmal stehen winkende Kinder drauf und rufen uns zu: „Hallo Hallo, wo geht die Reise hin?" Unsere Antwort lautet: „Nach Wiiiieen!". Warum hängen Angler ihre Köder ins trübe Nass, ob die was fangen frage ich mich. Paddelt man in Ufernähe wo Bäume oder Gebüsch etwas Schatten spenden schreckt auch mal eine Wasserratte oder ähnliches Getier auf. Wasserspinnen huschen leichtfüßig über die Wasseroberfläche. Nach Höchstädt sind keine Auwälder mehr. Die Landschaft wirkt offener. Da rauscht es voraus, die Holzbrücke Gremheim mit sieben Pfeilern macht die Geräusche, eine Kiesbank und alte Pfeilerreste verlangen ganze Aufmerksamkeit. Die schlanken Boote lassen sich gut durchmanövrieren. Die Wörnitz bringt Wasserzuschuss aus dem Nördlinger Ries, an der Mündung gute Anlandemöglichkeit für eine Pause und einen kurzen Gang in die alte Reichsstadt. Kurz ist der Fußweg zur Reichsstrasse mit Kreuzkirche und Stadtpfarrkirche. Gaststätte „Drei Kronen" eine Kanustation mitten in der Stadt. Langer Aufenthalt ist nicht beabsichtigt, denn es soll heute bis Neuburg gepaddelt werden. Es erwarten uns noch gute drei Stunden auf dem Wasser in der prallen Sonne. Einsteigen und weiter. Nun auf dem nördlichen Ufer die Ausläufer des Frankenwaldes. Zusam und Schmutter münden am rechten Ufer ein, ebenso der wasserreiche, im Arlberggebiet entspringende, Lech. Bei der hohen Stromgeschwindigkeit sind wir schneller in Neuburg als erwartet.

Nach der Brücke gleich rechts an der Pritsche anlegen, bei dem Stromzug nicht ganz so einfach, alle liegen fast gleichzeitig an der großen Pritsche. Ich bin am schnellsten aus dem Boot, sichern, festbinden und den andern helfen bis alles auf den Planken sicher ist. Morgen ein Ruhetag und zeitig hier, da ist keine Eile nötig. Beim Donau – Ruderclub schöner Platz unter Bäumen, das Haus bewirtschaftet, nah an der Stadt, bequemer geht es nicht. Zeitaufwendigste Arbeit ist das Aufpumpen der Luftmatratzen und Paddlerarbeit. Die Paddlerinnen sind mit dem Vorheizen der Kocher voll beschäftigt. Nachfüllen, aufpumpen und anzünden ist die übliche Reihenfolge um die zum Fauchen zu bringen, die Kocher, nicht die Mädchen. Erst mal Kaffeepause, dann kurzer

Rundgang in die nähere Umgebung am Ufer lang und in den Ort. Geschäfte und eine Bäckerei sind ganz in der Nähe. Am Abend ziehen dunkle Gewitterwolken herauf, mit starkem Wind, Blitz, Donner und Starkregen, gut, dass unser Zelt gesichert ist. Anders bei Helga und Willi, es wackelt bedenklich ohne Sturmleinen. Gunda und ich rennen durch den Regen hinüber. Nun halten wir zu viert das Gestänge damit nichts wegfliegt, nach einigen Minuten ist der Spuk vorbei. „Hoffentlich machst du noch die Sturmverspannung dran", sage ich zu Willi. Der erste Ruhetag, abgekühlt und einige Wolken vor der Sonne, die Gewitterfront ist noch nicht ganz abgezogen. Der Wind hat die Zelte trocken geblasen. Zum Frühstück hole ich acht frische Semmeln zur Freude der Mitpaddler. Am Ufer der Donau, nicht weit vom Ruderclub, erhebt sich die „neue Burg" von Pfalzgraf Ottheinrich 1530 erbaut. Ein Renaissancebau mit Hofkirche, Rathaus und barocker Bibliothek ist einschließlich Karlsplatz Mittelpunkt der Stadt. Die Bibliothek zählt zu den größten und umfangreichsten in Deutschland, die vielen hohen Bücherwände sind sehr beeindruckend. Biergarten und Eisdiele werden am Mittag besucht. Bayern ohne Weisbier wäre für uns wie die Donau ohne Wasser. Unbeständiges Wetter bis zum Abend als die Sonne glutrot hinter schwarzen Wolkenstreifen verschwindet. Anderntags, ich glaube es ist ein Freitag im Juni, pünktlicher Start am leichten Schwall hinter der Neuburger Brücke. In einigen Jahren wird das nicht mehr so sein, denn oberhalb wird in nächster Zeit eine neue Stromgewinnungsanlage nur soviel Wasser durchlassen, wie zur Stromerzeugung benötigt wird. Das Verstauen der Ausrüstung klappt immer besser. Dinge, die wenig benötigt werden kommen vorn und hinten in die Bootsspitzen. In der nächsten Abteilung, vorn zwischen Spant eins und zwei und hinten zwischen sechs und sieben Ausrüstung für täglichen Gebrauch. Um und neben der Luke wird alles so angeordnet, dass schneller Zugriff möglich ist aber dennoch nicht verloren gehen könnte, bei einer möglichen Kenterung. Alles anbinden und so verklemmen, dass im Ernstfall alles beim Boot bleibt. Am sichersten ist eine vorausschauende Fahrweise um gefährliche Situationen nicht aufkommen zu lassen. Immer noch guter mittlerer Wasserstand und die Sonne lässt sich auch wieder blicken am fast wolkenlosen Himmel. Übungsplatz der Bundeswehr für Brückenschlag, die Pontons liegen am Ufer bewacht von einigen Uniformierten. Paddelschlag auf Paddelschlag trägt uns der Fluss weiter, mal Auwälder, mal kleine Sandbuchten wo sich Schwäne und Enten tummeln. Die Wagenfähre Bergheim kreuzt unseren Weg und ohne Aufenthalt schwimmen wir an der alten Festungsstadt und heutigem Industriestandort Ingolstadt vorbei. Ein Nebenfluss, die Paar mündet ein, und die Kirche von Vohburg wird sichtbar. Im Flussführer lese ich: „hübsches altes Städtchen, Stöttner Bräu und Brauerei Amberger" manchmal wichtig für durstige Paddler und gute Möglichkeit eine Mittagspause einzulegen, um nicht dem Protest unserer Mitpaddlerinnen ausgesetzt zu sein. Also, eine halbe Stunde Pause und Beine vertreten. Bei der Weiterfahrt sind einige Brücken mit engen Jochen zu passieren. Ich mache mit dem wendigen Klepper-Einer den Späher und erkunde für die Mitpaddler die beste Durchfahrt. Im nahen Wackerstein das Gasthaus zum Schloss, habe ich auch aus dem Flussführer. „Wo geht die Reise hin?" der Zuruf von Kindern am Ufer. „Nach Wien" ruft Gunda zurück. Viele gute Übernachtungsplätze wären hier, wollen wir übermorgen in Regensburg sein müssen wir uns ranhalten. Auch heute am dritten Tag der Flussreise sind wir noch keinem Paddler begegnet.

Hienheim am linken Ufer, Reste des Limes, römischer Grenzwall vor zweitausend Jahren. Die Hadriansäule mit alter Inschrift: „Hier am linken Donauufer beginnt, der von den römischen Kaisern Trajan, Hadrian und Probus in den Jahren 117 bis 282 n. Chr. Gegen die Teutschen angelegte Wall auch Teufelsmauer genannt." Auf dem rechten Ufer Eining mit Resten eines römischen Kastells. Die Berge werden höher und treten näher ans Wasser heran und es beginnt der Juradurchbruch. Bei Haderfleck und Staubing beenden wir für heute die flotte Fahrt an einem Gasthaus und flach ins

Wasser gehender Anlegebucht. Drei Zelte und Zweierfaltboote sind hier anzutreffen. Die Paddler kommen aus dem Ruhgebiet. Die Wiese buckelig und windig, sonst ganz gut und mit Feuerplatz. Der erste Tag mit Gesellschaft. Am Abend sitzen wir alle am kleinen Lagerfeuer beim Bier und mit erzählen beschäftigt bis in die Nacht. Gut geschlafen, der Morgen grau und trüb und es sieht nach Regen aus. Ich dränge zu Aufbruch, so kommen wir trocken in die Boote, das Regenzeug griffbereit, die Spritzdecke geschlossen. Sonne blinzelt ab und an durch die drohend schwarzen Wolkenberge. Wir machen uns auf und davon auf schneller Strömung. Nach einer Linkskurve, der Donaudurchbruch vor dem Bug, rechts eine große Kiesbank am Kloster Weltenburg in der ruhigen Innenkurve. Ich gebe das Zeichen zum Frühschoppen. Das muss so sein, nach einem Besuch des Benediktiner Klosters, das nach alter Überlieferung vom Heiligen Eustachius 620 n. Chr. Gegründet wurde. Die barocke Klosterkirche im Blick genehmigen wir uns ein Bier und Brezel in der Klosterschänke.

Es ist stark bewölkt, aber trocken als wir in den Booten hocken. Der fünf Kilometer lange Durchbruch mit den hohen, senkrecht aus dem Wasser ragenden Felswänden ist gewaltig. Die ehemalige Einsiedelei Klösterl kann man links entdecken. Es läuft rasend schnell bis zur Befreiungshalle hoch über dem Fluss. Am linken Ufer ist ein guter Ausstieg am Ortsanfang Kehlheim, den wir zum Besuch der Befreiungshalle nutzen. Der Aufstieg ist in zwanzig Minuten geschafft mit schönem Rundblick über Fluss und Stadt. Der 45 Meter hohe klassizistische Bau ist zur Erinnerung an die Befreiungskriege von König Ludwig I. erbaut. Wir sitzen noch nicht richtig im Boot da fängt es an zu regnen. Alles dicht machen und Regenzeug überziehen und ab in die Strömung drehen. Es ist nun grau und dunkel, die Sicht nur noch einen Kilometer weit. Von links die alte Schleuse des Ludwigskanals einmal als Verbindung vom Main zu Donau vor mehr als hundert Jahren erbaut und schon lange nicht mehr in Betrieb. Es beginnt eine neue Kilometrierung, Km 174 seit Ulm, von hier zur Mündung ins Schwarze Meer sind

2414,6 Km zurückzulegen. Nun wissen wir`s und der Regen wird stärker, was mich nicht so gut stimmt. Es kommt noch Gegenwind auf von Osten, was auf Wetterbesserung hoffen lässt. Die Fähre von Saal nach Polkam und Bad Abbach, das Schwefelbad bleiben im Dunst fast unsichtbar. Die Mündungen von Laaber und Naab sind kaum zu erkennen und die dicken Regentropfen klatschen auf die Oberdecks. Bei Oberwinzer erreicht die Donau ihren nördlichsten Punkt. Nun lässt der Regen etwas nach und als wir an der Pritsche beim Ruderclub anlanden hört es damit auf. Die Wiese trieft vor Nässe, aber die Zelte sind trocken aufgebaut. Schnell die Überdächer darüber und einräumen, bevor es wieder anfängt. Völlig unvermittelt teilen sich die Wolken und die Sonne verschwendet noch ein bisserl Wärme über uns.

Regensburg mit seinen vielen Sehenswürdigkeiten ist uns einen Besichtigungstag wert. Das ist ein Sonntag, aber kein Sonnentag, es regnet nicht und der Himmel hält sich bedeckt. Der Name „Regensburg" ist keltischen Ursprungs und war damals unter „Radospona" bekannt. In der Römerzeit „castra regina". Dann waren die Bayuwaren die Herrscher mit Herzogsitz. Im Laufe der Jahrhunderte entstanden viele Kirchen. Am Dom St. Peter wurde sechshundert Jahre gebaut was sich in der Vielfalt des Bauwerkes ausdrückt. Durch die günstige Lage war es in früheren Jahrhunderten eine bedeutende Handelsstadt. Hier lebten viele reiche Kaufleute. Nach italienischem Vorbild bauten sie Stadtburgen mit Turm. Von sechzig solcher Bauten sind heute noch zwanzig erhalten. Es ist sehr viel erhalten, da die Altstadt nie zerstört wurde. Jede Kirche ist von Gasthäusern umgeben, dass keine Schwierigkeit besteht ein passendes zu entdecken. Auf dem Rückweg über die 300 Meter lange Steinerne Brücke mit den 16 Bogen entdecken wir das „Wurstkuchl" von Thurn und Taxis als Poststation zwischen Brüssel und Wien errichtet und heute Gaststätte. Unter dem rechten Brückenbogen ein Treidelpfad mit Schienen, wo eine Diesellok Kähne mit 100 bis 200 Tonnen durch die Brücke nach oben ziehen kann. Durch die vielen Pfeiler wird der Strom so verengt, dass doppelte Stromgeschwindigkeit und ein Höhenunterschied bis zu einem Meter erreicht werden, je nach Wasserstand. Im zweiten Joch ist die Durchfahrt für Sportboote, nach den Pfeilern große, dicke Wirbel, es muss genau in der Mitte gefahren werden um einigermaßen gut durchzukommen. Zurück zu Booten und Zelten, es ist noch bedeckt, trocken und kühl gegenüber der letzten Tage. Nach dem Abendessen und Einbruch der Dunkelheit kriechen wir müde in die Schlafsäcke. Das täglich übliche Ritual beginnt, nach dem Waschen, Frühstück, packen und Zeltabbau, wie beim großen Wanderzirkus, mit dem Unterschied, dass es nicht mit Pferd und Wagen, sondern mit kleinen Booten auf dem vorgegebenen Wasserweg weiter geht. Paddler werden oft „Flusszigeuner" genannt. „Du Paddler!" Soll auch schon als Schimpfwort benutzt worden sein, wie gut informierte Kreise behaupten. Nun befinden wir schon auf dem Weg zur nahen „Steinernen Brücke" mit der etwas kitzeligen Durchfahrt im zweiten Joch von rechts mit den nachfolgenden gefährlichen Tiefenwirbeln, wie im Flussführer beschrieben. Von oben kommend ist der Wasserspiegel nach den Pfeilern nicht zu sehen aus der Faltbootperspektive. Langsam die Mitte anpeilen und dann mit kräftigen Paddelschlägen und der Gummikahn hüpft wie wild zwischen den Wirbeln hindurch, geschafft! Ich drehe schnell gegen den Strom in das rechte Kehrwasser und warte ab. Zuerst der dicke fünf Meter zwanzig lange schwere Zweier, der von Willi mit seiner Copilotin Helga, die dabei anständig nass wird, nach unten gesteuert wird- und ankommt. Gunda folgt gleich, kräftig paddelnd, gelangt sie auch zwischen den Wirbeln mittig durch ins freie Wasser.

Ab hier ist die Grosschifffahrtsstraße und an deren Regeln und Vorschriften müssen wir uns auch halten. Es ist bewölkt, graue hohe Wolken, aber trocken und nicht kalt, so richtiges Paddelwetter. Sechs bis acht Stunden werden bis zum Ziel Straubing heute unterwegs sein. Also los, aber Achtung vor Schiffen, Hafenanlagen, Querbuhnen und Boyen. Fahrrinnen-Zeichen: kugelförmige schwarze Boje rechts und konische rote, links in Flussrichtung betrachtet, rot-weiße Signalscheibe ist gesperrte Durchfahrt. Hafenanlagen hinter uns, voraus der Blick auf die einige Kilometer entfernte „Walhalla" die sich in hellem Weiß vom dunklen Wald abhebt. Von links mündet der Regen in die Donau, die Hafengebiete nehmen kein Ende, an den Kaimauern kleine und große Lastkähne, die von riesigen Krananlagen be- und entladen werden. Brücke Donaustauf, ein Landeplatz links dahinter, erst die schweren Boote soweit hochlegen damit sie vor Dampferwellen sicher sind, dann die 240 Stufen zur Ruhmeshalle hochsteigen um mal reinzuschauen nach den großen Deutschen und den Blick über das Donautal zu genießen, denn es hat etwas aufgehellt. Die Sonne ist noch verschleiert hinter hoher Bewölkung. In Donaustauf gibt es noch einiges historisches zu sehen, Reste der von den Schweden zerstörten Burg und die Kirche von St. Salvator, was uns nicht weiter interessiert. Eine Stunde ist verstrichen, bis wir wieder weiter paddeln. Ununterbrochene viele Paddelschläge treiben die Boote weiter. Im Norden begleitet von den Ausläufern des Bayrischen Waldes. Bei Sulzbach auf der Höhe noch Weinbau. Um die Tiefe der Schifffahrtsrinne zu erhalten sind viel Buhnen eingebaut, für mich gut zu erkennen durch weit vom Ufer entfernte Wirbel, da sind die Buhnenköpfe manchmal gekennzeichnet mit einer Stange. Rechts die weite Landschaft der Gäuboden, die Kornkammer Bayerns. Baggerarbeiten im Uferbereich, gekennzeichnet mit einer rot-weißen Tafel. Die Seilfähre Pfatter, am Ufer auf Kundschaft wartend, etwas abseits das alte Städtchen Wörth mit Schloss. Es beginnen drei große Flussbogen, die dreimal so lang sind wie der Landweg. So sehen wir die Kirchtürme Straubings und den Bogenberg mit Wallfahrtskirche mehrmals. Zwischen Buhnen machen wir noch eine ausgiebige Pause in Sichtweite eines Schiffssignalhauses dessen Wahrschauer mit der Stellung eines Zeigers die Anzahl entgegenkommender Schiffe anzeigt. Ein Schlepper zieht zwei mit Holz beladene Kähne brummend bergauf. Nach der Einmündung der Laaber beginnt die „Straubinger Enge" ein einschiffige Stromstrecke. Hinter dem

Hochwasserdamm ist das Dach des Bootshauses zu sehen, davor die Anlegestelle in einer Außenkurve mit schneller Strömung. A` bisserl schwierig das Anlegemanöver. Zurückgemeldet hat sich die Sonne und brennt gleich richtig von nun fast wolkenlosen Himmel. An der Treppe müssen alle schweren Gepäckstücke entladen und über den Damm geschleppt werden. Dann folgen die Boote jeweils zu viert mit Tragegurten. Eine kleine saubere Wiese auf abgeschlossenem Platz neben dem Haus ist für zwei Übernachtungen unser Domizil. Später Nachmittag da können gleich die Kocher angeworfen werden beschließen Helga und Gunda und zaubern eilig einen Linseneintopf mit Würstchen. Ich besorge vier Flaschen Bier, die haben wir uns nach sechzig Paddelkilometern redlich verdient.

Von hier zur Stadt ist ein kurzer Weg, auf dem Damm oder zwischen den Kleingärten hindurch ist man gleich in der Stadt. Straubing ist zentraler Ort der Gauböden, der Kornkammer, hier siedelten schon Kelten, Römer und Alemannen. Ihr heutiges Aussehen erhielt Straubing im vierzehnten Jahrhundert durch Ludwig den Kehlheimer. Der sechshundert Meter lange Straßenmarkt mit Stadtturm 1316 erbaut und die Peterskirche bestimmen das innerstädtische Bild. Im Gäubodenmuseum ist von Flößerei über Schifffahrt, Brauchtum und Geschichte vieles zusammengetragen was Einheimische und Besucher interessiert. Auch ein römischer Schatz mit der Goldmaske ist ausgestellt. Der Abschluss findet bei Kaiserwetter im Biergarten statt. Nach ruhiger Nacht auf der Wiese hinter dem Damm ohne Blick auf den Fluss wache ich durch ein raschelndes Geräusch frühzeitig auf. Später frage ich bei den Zeltnachbarn: „habt ihr auch so ein rascheln gehört?" „Ja, ja", sagt Helga. Beim Frühstück beschäftigt uns das noch was da war, Ratte, Maus, Wiesel, Igel oder Katze und es bleibt bei Vermutungen. Gegen zehn Uhr das Einsetzen nur in umgekehrter Reihenfolge wie vorgestern.

Der Strom hat uns wieder gepackt und treibt uns lebhaft paddelnd weiter alles hinter uns lassend, die Ortschaften, Dörfer, Burgen,

Brücken und Städte. Vor den Booten viele Kilometer und drei Urlaubswochen um das Endziel: „Wo geht die Reise hin?" schreien Kinder am Ufer. Antwort:" Nach Wiiien" ruft der Bootfahrer zurück, zu erreichen. Der Himmel nun leicht bewölkt, schwülwarm, Gewitterstimmung. Meine Frage an Helga und Willi: „glaubt ihr wir kommen ohne Gewitter auf dem Wasser durch?" Ich bekomme keine Antwort oder sie haben meine Frage wegen der Paddelgeräusche nicht verstanden. Von hinten Motorengeräusch, aber noch nichts zu sehen, wir paddeln so nah am Ufer wie möglich, es wird lauter und nun sehe ich es ist ein Schleppzug. Auf gleicher Höhe mit uns fährt ein Rumänischer Schlepper mit vier leeren, eng gekoppelten Leichtern in zügiger Fahrt. Auf den kleinen Wellen schaukeln die Boote leicht auf und ab. Nun rückt der Bogenberg näher den wir vorgestern schon vor Straubing gesehen hatten. Einiges weiter, eine Fähre verbindet Hermannsdorf mit dem anderen Ufer, könnte man einen Kilometer aufwärts im Altwasser paddeln und mit einem halbstündigen Aufstieg die Wallfahrtskapelle auf dem Bogenberg besichtigen. Wir verzichten mal wieder auf das großzügige Angebot aus dem Flussführer. Manches sieht aus der Ferne betrachtet oftmals viel schöner aus. So genießen wir die Landschaft aus der gewohnten Faltbootperspektive. Keiner der Miturlauber beschwert sich bei der Reiseleitung und so geht es mit unverminderter Geschwindigkeit flußab. Die Fähre Mariaposching setzt langsam über als wir uns nähern. Am linken, nördlichen Ufer Kanustation, Gasthaus und Zeltplatz, schnell sind wir vorbei eigentlich ist eine Pause jetzt oder bald angesagt. Die Mettener Insel in den linken Arm reinpaddeln und gleich an der Insel anlegen zur Mittagsrast, hier wäre auch ein guter Zeltplatz, wir machen uns jedoch dann weiter um noch ein paar Kilometer unter den Kielen wegzuschaufeln. Eisenbahnbrücke, Straßenbrücke, die Stadt Deggendorf, Eingangspforte zum Bayrischen Wald, Werft, Hafen und Verladeanlagen, auch eine alte Stadt, die nur vom Wasser aus betrachtet wird.

Von rechts mündet die Isar, die im Karwendel entspringt und viel milchig-grünes Wasser zuführt. Das Kloster Niederaltteich mit Fährverbindung zum anderen Ufer lassen wir hinter uns im Kielwasser zurück. Voraus flussauf das dumpfe Motorengeräusch eines Schleppschiffes dessen schwarze Rauchfahne vom Wind über den Fluss geweht wird. Paddeln in der Innenkurve, der Schleppverband außen im tieferen Fahrwasser zieht mit etwa fünf Stundenkilometer bergauf. Der Schlepper aus Novi Sad in Jugoslawien, die Frachtkähne an lagen Stahltrossen mit Heimathafen Braila (Rumänien), vermutlich haben die schon tausend oder mehr Kilometer hinter sich. Die Wellen müssen im rechten Winkel angefahren werden um nicht in Kentergefahr zu kommen. Langsam entfernt sich das Motorengeräusch hinter uns. Der Stromkilometer 2266 ist unser Tagesziel, der kleine Ort Winzer, am Ufer vor dem Damm eine schöne Zeltwiese, die von den Straubinger Paddlern empfohlen wurde, und die wir nun anlaufen. Es sind einige Zelte und Faltboote da als wir anlanden. Auf den Booten steht: „Kanu Club Straubing." Hier sind wir richtig stellt Willi zufrieden fest. Die dort anwesenden Paddler begrüßen uns mit: „Ahoi und Hallo, wo kommt ihr her und wo soll`s hingehen?" es sind Kanuten aus Ludwigshafen, Stuttgart und Straubing da. „Auf, auf macht, dass ihr die Zelte aufnagelt, es sieht wieder nach Abendgewitter aus", spornt uns Gunda zum flotten Aufbau an. Alles noch trocken untergekriegt, bevor es anfängt zu regnen. Blitz und Donner hatten wir schon länger, dass wir nicht davon überrascht waren. Dicke Tropfen prasseln auf die Überdächer, dass die Kochergeräusche übertönt werden. Die Köchinnen sind beim Zaubern, mal sehen was auf den Tisch kommt? Aha, Linsen und Spätzle und was Wurschtisches. Am Morgen noch alles nass, das Gras, die Überdächer, wo in der Nacht Schnecken schleimige Spuren hinterlassen haben.

Kaum in den Booten abfahrbereit holt uns der Regen ein. Der Strom hat uns wieder. „Hurra wir schwimmen und nass von oben und unten ", höre ich Gunda sagen als ich sie ins Wasser schiebe.

Mühlham, Hofkirchen und die Burgruine Hilgartsberg verschwinden im fast undurchsichtigen, grauen Regenschleier. Die hübsche Stadt Vilshofen beachten wir kaum, bald nach der Brücke beginnt der lange Stau des Kachlet-Staues und das bei dem miesen Wetter. Bei drei oder vier Stunden pausenlosem paddeln werden die Arme immer schwerer und länger, bildlich gesagt. Nach einiger Zeit hat es endlich aufgehört zu regnen und der Himmel zeigt einige blaue Stellen, als Entschuldigung. An der Mündung der Geisa, noch etwa eine Stunde bis zum Wehr, PP-Pause und ein Stück Brot mit Landjäger verdrückt, mit einem Schluck Bier hinuntergespült, weiter in Richtung Kachlet. Dämme und Uferverbauungen in der Kanalstrecke, so wird es in einigen Jahren an der ganzen Donau sein, von den Dörfern nur noch Kirchturmspitzen die Dämme überragend. Die Umrisse der Wehranlage sind aus weiter Entfernung zu erkennen. Mühsam schaufeln wir uns näher heran. Eine Kammer steht offen, die Ampel auf rot, ein kleines Motorsportboot ist am Dalben festgemacht. Viele Tonnen Stahl und Beton wurden verbaut um die gewaltige Schleusen – und Kraftwerksanlage zu errichten. Eine Stimme reißt mich aus meinen Betrachtungen: „Die Sportboote bitte einfahren, Motorboote zuerst", tönt es blechern aus dem Lautsprecher und die Ampel zeigt grün. Motorengeräusch von hinten, da kommt ein kleines Motorboot und zwei Paddler beeilen sich noch zurechtzukommen. Alle können einfahren in die über 200 mal 20 Meter Schleussenkammer mit einer Stauhöhe von 5 bis 6 Metern, je nach Wasserstand. Die mächtigen Tore schließen und es geht langsam tiefer. Das ganze dauert zwanzig bis dreißig Minuten. „Umtragen oder karren wäre schneller, aber beschwerlicher gewesen", sagt Willi, „ist richtig" bestätige ich. Das untere Tor öffnet sich und zuerst dürfen die Paddler ausfahren, dann langsam die Motorboote. Im Unterwasser wartet ein Schleppzug auf die Einfahrt. Um die nächste Kurve und nur noch ein paar Kilometer bis zur ehemaligen Keltensiedlung Passau, deren Häuser sichtbar werden. Der Strom ist nun flott und schnell nähern wir uns der Stadt.

Rechts am Rathausplatz die Anlegestellen der Donau-Dampf-schifffahrts-Gesellschaft, kurz DDSG genannt, mit einigen Rad- und Schraubendampfern. Links halten, unterhalb der Burg ist links in die Ilz einzufahren, einen Kilometer aufwärts der Zeltplatz beim TV Passau. Viele Paddlerzelte sind aufgebaut, nach Anmeldung wird uns ein Platz für zwei Zelte zugewiesen und wir können uns für zwei Nächte niederlassen. Nach der Arbeit noch einen Bummel in die Ilzstadt, wie die Vorstadt an der Mündung genant wird, um zu sehen wo eine Einkaufmöglichkeit besteht. Geschäfte ums Eck in der angrenzenden Strasse, da gibt es keine Schlepperei beim Einkauf morgen. Passau ist eine sehenswerte Stadt mit fast fünfunddreißigtausend Einwohnern. Auf dem schmalen Raum zwischen Inn und Donau hatten sich Kelten, Römer und Alemannen festgesetzt, ehe es im achten Jahrhundert durch Bonifatius zum Bistum wurde. Von der Brücke geht der Blick über die Dreiflüsse-stadt und am Donaukai liegt die weiße Flotte der DDSG vertäut. An der Kasse holen wir den Fahrplan und erfahren, dass der Rad-dampfer in Wien am Kuchelauer Hafen um Acht Uhr abfährt und am nächsten Tag gegen elf Uhr ankommt. Am Uferweg Richtung Bahnhof viele Omnibusse, deren Fahrgäste mit Schiffen unter-wegs sind. Am Bahnhof, eine gute halbe Stunde Fußweg, erfahren wir, dass täglich 13.30 ein Schnellzug, von Wien kommend, nach Frankfurt fährt und Anschluss nach Heidelberg hat. Das genügt uns für´s Erste. Bei der Raiffeisenbank tauschen wir Mark in Schil-ling, für 150 Mark gibt es 890 Schillinge das sind eine Mark gleich sechs Schilling. Viele Häuser sind im „Inn-Salzach-Stil" errichtet und enge Gassen mit zahlreichen historischen Bauten finden sich hier. Gaststätten und Biergärten einer schöner als der ande-re. Der barocke Dom mit hochgotischem Chor und der größten Kirchenorgel der alten Welt ist genauso sehenswerte wie andere Bauwerke der Donaustadt. Helga:" genug der Lauferei, suchen wir einen Biergarten." Am Gasthaus „Blaue Donau" ein Garten, Tischtücher weiß-blau ist ein Tisch frei mit Blick auf den Fluss. Bei Weißbier, Würschtel, Brot, Brezen und Senf lässt sich`s gut leben.

Auf der Speisekarte ist einiges über Passau nachzulesen: Das erste Dampfschiff aus Regensburg legte 1837 an, 1860 Bau der Eisenbahn bis Passau. Hier ist der Ausgangspunkt der Personenschiffe nach Linz und Wien, der Güterumschlag im Hafen beträgt jährlich Siebzigtausend Tonnen. In den engen Gassen nahe der Innmündung an den Häusern viele Hochwassermarken, steht doch fast jedes Jahr die gesamte Altstadt im Wasser. Damit leben die Leute seit Jahrhunderten. Mit klappernden Radgeräuschen fährt ein Dampfschiff flußab in Richtung Linz. Vor der Rückkehr zum Platz muss noch für das Wochenende eingekauft werden im kleinen Konsum. An den Zelten angekommen ist das Eingekaufte sicher zu verstauen. „Wir laufen noch zur Feste Oberhaus", schlage ich den andern vor und auf dem Prinz- Ludwig- Steig ist es nur 20 Minuten zum Georgsberg und der Feste. Es bietet sich ein herrlicher Blick auf die Stadt Passau an den drei Flüssen gelegen, hier sieht man, dass die Donau eigentlich Inn heißen sollte: der Tiroler Fluss ist breiter als der Strom, der in Wien angeblich blau ist. Auf ein kleines Helles für sechzig Pfennige bleiben wir noch einen Augenblick hier. Vieles haben wir gesehen aber nicht alles. Morgen ruft der Fluss zur Weiterfahrt. Abmelden, bezahlen und wie immer, erleichtert sind wir erst wenn wir schwimmen.
Nach dem Einsetzen ist noch gute Strömung und vorherrschend die Farbe des Inn. Langsam beginnt sich der Rückstau des nächsten Wehres bemerkbar zu machen. Links ist das Ufer Deutsch, rechts Österreich und anlanden ist nur in Achleiten, Pyrawang und Kasten erlaubt. An der Zollstation Felshütt ist zur Kontrolle anzulegen und auszusteigen. Eine lange Pritsche zur Abfertigung und der Zollbeamte kommt zu uns wir dürfen in den Booten bleiben. Er sagt: „Ausweise dabei und was zu verzollen, Zigaretten, Wein oder?" „Ausweise im Fotobeutel, wollen sie sehen, weder Wein noch Zigaretten", gebe ich zur Antwort. Er will nichts sehen und wünscht gute Reise. Burg Vichtenstein im Sauwald am Fuße des Haugstein ist ein Stückchen oberhalb der Zollstation im Wald versteckt. Nun muss jeder Meter erpad-

delt werden. Alle zwei Stunden ab 9 Uhr werden Sportboote geschleust, zur 13 Uhr Schleusung müssen wir kräftig reinhauen. Ein Schlepper mit Anhang, zwei Kähne mit einer Ladung Stammholz im Schlepp. Auf dem Schlepper steht. MHRT 4, das bedeutet: Nr.4 der ungarischen Schifffahrts AG Budapest, am Anhang ist folgendes aufgemalt: 12049 was bedeutet. Schiff Nr. 49 mit 1200 Tonnen. Selten eine Strasse am Fluss, die verläuft hinter den vorgelagerten Bergrücken. Rechtzeitig etwa eine halbe Stunde vorher treffen wir vor den geschlossenen Toren ein. Jochenstein, so genant nach einem Felsblock mit Johannesstatue und Bildstock, der sich links hinter dem Kraftwerk befindet. Nebeneinander liegend können wir die Zeit zur Mittagspause nutzen. Langsam öffnet sich das Tor, ein Motorboot nähert sich langsam in Erwartung, dass das Signal grün zeigt. Zwei Viererwanderruderboote schaffen die Sportbootschleusung noch und fahren mit uns in die Kammer. Nach einer halben Stunde schwimmen alle im Unterwasser. Es folgt einer der schönsten Gebirgsdurchbrüche bis Aschach das „Passauer Tal" genannt. Engelhartszell ist sehenswert, Burgen wie Ried, Rannariedl und die Ruine Wesenstein wären bestimmt einen Aufstieg wert um die Aussicht zu genießen, aber das kann, bei unserer Reisegeschwindigkeit, zeitlich nicht bewältigt werden. An den Ufern selten Autostraßen, nur ein alter Treppel- oder Treidelweg wo früher mit Pferden oder von Schiffsknechten die Zillen an Hanfseilen hochgezogen, getreidelt wurden. Die waren damals von Wien bis Passau wochenlang unterwegs. Der Schiffsverkehr ist gering, da je nach Pegelstand die Abtauchtiefe und damit die Ladekapazität beschränkt ist und fünfzig Kilometer hinter Wien, bei Hainburg der Eiserne Vorhang beginnt. Eine schwer zu passierende Grenze zu den Ostlockländern. Nur wenige Schiffe aus diesen Ländern mit Devisen bringenden Gütern können diese Grenze überwinden. An den Ufern Baustellen für den Ausbau zum Großschifffahrtsweg „Rhein- Main- Donau", wenn dann in zwanzig Jahren die Kanalverbindung von Bamberg nach Kehlheim fertiggestellt sein soll. Große Schubverbände können dann Fracht vom Schwarzen Meer bis zur Nordsee bringen.

Die Rollfähre Niederranna kreuzt den Fluss, das wurde früher „Urfahr" genannt, das Übersetzen oder queren. Wir sind im Längsverkehr genannt: „Naufahrt". Bei dieser Strömung gepaart mit der Paddelarbeit ziehen wir locker zehn Kilometer die Stunde unter den Kielen weg. Die Waldberge zu beiden Seiten erheben sich auf über 400 Meter, die Strassen sind weitab vom Fluss nur die Treidelwege begleiten den schmalen Uferstreifen, soweit sie noch nicht den allgegenwärtigen Bauarbeiten zum Opfer gefallen sind. Eine Insel und die Burgruine Haichenbach tauchen auf, die enge Schlögener Schlinge beginnt, nach der Signalstation halten wir uns ganz links um auf der großen Kiesbank der Innenkurve anzulanden. Gegenüber zwei, drei Häuser der Ort Schlögen im engen, bis ans Ufer bewaldeten Tal. Der Platz hier wäre auch gut zum Zelten, stellen wir begeistert fest. Zu einem Aufstieg zur Burgruine können wir uns nicht entschließen um den beschriebenen schönen Ausblick auf die Flussschleife zu haben. Der Himmel ist immer noch bedeckt, selten findet die Junisonne den Weg ins Tal, es ist aber sehr warm, schätzungsweise fünfundzwanzig Grad. Weiter auf großer Fahrt mit kleinen Booten im kurvenreichen Mühlviertel, vorbei an den Weilern Inzell und Grafenau dann die nächste Signalstation, Schiffsanleger und eine Rollfähre, die so funktioniert: Zwei hohe Holz oder Stahlmasten an den beiden Ufern, hoch über dem Wasser ein Stahlseil gespannt darüber laufen zwei bis vier Rollen an denen ein weiteres Seil die Verbindung mit der Fähre herstellt. Die Fähre hängt an diesem Seil, der Fährmann stellt diese mit dem entsprechenden Anstellwinkel zum Strom und sie läuft, ohne eigenen Antrieb, nur durch den Stromzug von Seite zu Seite. Der Fährmann sitzt auf der Bank und winkt uns zu. Die waldreiche Gegend, ohne Fahrstraßen in Ufernähe, geht windungsreich weiter. Wir machen gemütliche Paketfahrt mit gelegentlichen Paddelschlägen um den Kurs zu halten. Das geht nicht lange so weiter, denn von unten, bergauf Motorengeräusche und eine Rauchfahne, aber noch nichts zu sehen. Nun muss gepaddelt werden, denn der Schleppverband nähert sich. Wir befinden uns in einer Position, wo in der Innenkurve die Begegnung erfolgen kann. Die Tonne im Mast zeigt an einen Schlepper mit Anhang, das Schiff am Ende zeigt einen gelben Ball. Jeder Anhang hat eine eigene Trosse zum Schlepper, beide mit Kohlen für die Industrie oder ein Kraftwerk. Wellen kommen, die wir abreiten, später machen wir das Paketfahren weiter. Nicht lange und wir müssen noch mal auseinander, ein Personen-Raddampfer kommt klappernd bergauf in zügiger Fahrt. „Der ist etwas schneller als der Schleppzug", bemerkt Helga. Links am Ufer eine Signalstation, „rechts halten müssen wir uns, gleich kommt die Fähre und Untermühl". Das paddlerfreundliche Gasthaus „Kaiserhof" mit schönem Zeltplatz, steht im Kanuführer zu lesen. Wir drehen bei und wollen mal sehen ob das stimmt.

In der Innenkurve mit flachem Uferbereich ist gut aussteigen und bequem auszupacken. Die Fähre verbindet die von Aschach kommende Strasse mit dem Ort Untermühl. Hinter dem Gasthaus nur Wald am steilen Hang und an der Flussseite der Treppelpfad, soweit noch vorhanden und noch nicht der Uferverbauung geopfert. Noch vier bis fünf Paddeltage von unserem Ziel Wien entfernt bauen wir hier im Mühlviertel die Leinwandvillen in strahlender Sonne auf in der Hoffnung es bleibt so. Die Zeltnägel lassen sich leicht in den Wiesenboden drücken. Unsere Paddlerinnen offerieren uns für den Abend Gemeinschaftsessen, Nudel mit Gulasch und Salat. So weit so gut, die Zeltgebühr ist pro Nacht und Person vier Schillinge, oder „Alpendollars", wie Willi spöttisch sagt. Am Wirtshaus prangt ein Schild „Gösser Bier" „weis jemand wie die Steigerung von Bier auf österreichisch ist". „Nein" kommt's im Chor zurück. Dann will ich es mal erklären: „gut, besser, Gösser" kapiert? Dann trinken wir eins im Biergarten. „Wir gehen mit" höre ich von Helga und Willi. Den warmen Sommertag beschließen wir bei einem „Gösser" bezahlen mit Schilling und es ist für zwei Schillinge zu haben. Da genehmige ich mir zwei Gläser. Zelten die Person und Nacht vier Schillinge, genug bei den einfachen sanitären Anlagen.

Nächster Morgen, unser neunter Paddeltag, warm und sonnig mit einigen Nebelfetzen über dem Wasser, als wir ablegen sind diese verschwunden. Beide Ufer Großbaustelle bis zum einige Kilometer entfernten Aschach, wo die Stauhöhe nach Fertigstellung in einigen Jahren etwa 15 Meter betragen wird. Kranen, Bagger und Baulärm liegt bald hinter uns. Die Durchfahrt ist für Schiffe frei und behindert uns nicht- noch nicht! Die Engstelle des Aschacher Kachlet folgt, Längsbuhnen dahinter Altwasser und Auwälder bis zur Fähre Ottensheim. Die Donau tritt in das weite Linzer Becken ein. Nach einer Kurve wendet sich unser Fluss nach Südosten und gibt den Blick frei auf das Zisterzienserstift Wilhering mit Rokokokirche und sehenswertem Park. Bei gutem Stromzug paddeln oder treiben wir unaufhaltsam weiter. Strasse und Bahnlinie folgen nun dem Flusslauf am rechten und linken Ufer. Da tauchen schon die ersten Vororte von Linz auf, der Landeshauptstadt von Oberösterreich mit 200 Tsd. Einwohnern drittgrößte Stadt Österreichs. Eine Stadt mit vielen alten Bauten, dem Dom, Dreifaltigkeitssäule, Chorherrenstift und vieles mehr wäre bestimmt eine Besichtigung wert. Wir sind uns einig darauf zu verzichten und paddeln unter der Straßenbrücke und den beiden Eisenbahnbrücken hindurch und lassen die Großstadt hinter unseren Heckwellen zurück. Auch am nachfolgenden Industrie- und Hafengebiet, mit Ölhafen und den Vereinigten Österreichischen Eisen- und Stahlwerken ziehen unsere schlanken Boote schnell vorbei.

An der Mündung der Traun wird eine Pause eingelegt, dazu bietet sich eine große Sand- und Kiesbank auf dem rechten Ufer an. Die Autostraßen, bedingt durch Altarme und Auwälder etwas abseits, dafür aber mehr Schiffe unterwegs was uns zum Abstandhalten von Ufer und Schiffsrümpfen zwingt. Etwas abseits, aber dreißig Meter über dem Fluss sind Türme und Dächer der Stadt Enns am gleichnamigen Fluss zu erkennen. Hinter uns auf Überholkurs ein klappernder Raddampfer der DDSG, auf dessen Wellen die Boote auf und abtanzen. „Noch zwanzig Minuten bis zum Fähranleger und dahinter an der Paddlerstation sollten wir mal anlegen um zu sehen wie die Zeltmöglichkeit ist ", sage ich den andern als wir nebeneinander weiterpaddeln. Schon weit vor dem Anleger, die Fähre ist auf der anderen Seite des hier schnell fließenden Flusses, drehen wir bei um gegen die Strömung sicher anlegen zu können. Das sind die Nachteile schnellen Stromzuges, solche Manöver sind bei gestauten oder stehenden Gewässern nicht nötig. Mein Einer liegt auf dem Ufer und ich helfe der Zweierbesatzung an Land, dabei stehe ich bis zu den Knien im Donauwasser, gleiches nun bei Gunda. Willi stellt fest, dass der Platz gut für eine Übernachtung ist. Gunda schicken wir los zur Anmeldung. Beim Max Schöllbauer, so heißt der Platzwart, zahlt der Paddler zwei Schilling die Nacht, das ist überall gleich stellen wir fest. Ausladen, aufbauen und Kochstellen einrichten allabendlich die gleichen Handgriffe, so haben wir unseren festen täglichen Rhythmus. Der kleine Ort, einst Mautstation wie der Name schon sagt, wird vom Schloss Pragstein auf einem Granitfelsen überragt. Große Granitsteinbrüche sind in die umliegenden Bergflanken gesprengt. Aus dem Granit wird vorwiegend Straßenpflaster hergestellt. In der Nähe das Lager Mauthausen, ein unrühmlicher Nachlass aus der Nazizeit. Vor einigen Jahren war hier die Grenze zwischen amerikanischer und russischer Besatzungszone mit Passkontrolle. Nach ruhiger warmer Juninacht kriechen alle früh aus den Schlafsäcken und rüsten zur Weiterfahrt, wie die anderen Paddler, die noch außer uns hier übernachtet haben. Ich dränge zur Eile, haben wir heute die längste Paddelstrecke bis Melk vorgesehen und das bedeutet neun Stunden reine Paddelzeit.

Zunächst, viele Kilometer rechts und links Auwälder mit wenigen Kurven durch das Machland, wo auch selten Ortschaften am Ufer sind. Das Machland ist eine weite fruchtbare Ebene, altes Schwemmland abgelagert durch Hochwasserfluten. Nach Ardagger treten die Berge nahe ans Ufer heran und sind 400 bis 700 Meter hoch. Diese enge Flussstrecke der „Strudengau" mit

Vorsicht Wellenschlag

einigen Inseln, engem Fahrwasser und damit erhöhter Fließgeschwindigkeit. Die Sonne brennt uns aufs Fell und wir kommen
gut voran. Wieder die tägliche Begegnung mit dem Raddampfer
der schon lange, bevor er zu sehen ist, mit seinem „klapp, klapp",
auf sich aufmerksam macht. Nach Grein, der alten Schifferstadt
mit Burg und kleinstem und ältesten Theater Österreichs , beginnt
das fünfundzwanzig Kilometer lange Engtal. Früher war hier der
berühmt, berüchtigte Greiner Strudel, mit Lotsenzwang für Schiffe.
Felsen, die dies verursacht haben, wurden herausgesprengt und
bilden keine Gefahr mehr für die Schiffe. Eine Wahrschaustation
unweit der Ruine Werfenstein und oberhalb vom „Hößgang" der
von einer großen Insel gebildet wird hat keine Bedeutung mehr.
Grund ist die Fertigstellung einer neuen Staustufe deren Stauwur-

zel bis hierher reicht. So verringert sich zusehends der Stromzug und Paddelleistung ist wieder gefragt um weiterzukommen. Danach entgegenkommend ein Schleppverband mit wenigen Wellen, die wir genüsslich abreiten. Nach der „Schwarzen Wand" und den Marktflecken St. Nikola und Sarmingstein hoch über dem Tal die Burg Freyenstein und kaum mehr Strömung. Dazu bläst uns bei der Großwetterlage ein stetiger Ostwind entgegen. Umtragen haben wir nicht vor und bemühen uns eine Schleusung, alle ungeraden Stunden, zu erwischen. Nach eifrigem paddeln ist weit voraus das Schloss Persenbeug auf einem überhängenden Felsen zu erkennen und bald haben wir die Wehranlage erreicht.

Zwei Drittel Wegstrecke liegen hinter uns als wir aus der riesigen Betonkammer hinaus in die Mittagssonne paddeln. Kleine Motorboote, einige Paddler und ein Passagier Raddampfer, wurden noch mit mitgeschleust. Schnell machen wir uns aus dem Schleusenbereich um dann rechts unterhalb des Städtchens Ybbs auf einer Geröllbank an der Mündung der Ybbs eine Brotzeit einzulegen. Die Sonne meint es gut und das Sonnenschutzmittel leistet gute Dienste. Auf Weiterfahrt Säusenstein mit Felsrippen in der rechten Flusshälfte und Schloss auf der Höhe. Bei der flotten Strömung ist auch unsere Steuermannskunst gefordert, fahren wir mit den Einern ohne Steueranlage und müssen mit dem Paddel korrigieren. Helga und Willi haben es vorgezogen den Faltbootzweier mit Steuer zu fahren. Nach der Rollfähre und Dampferanlegestelle Marbach leuchtet am Berg die Wallfahrtskirche Maria Taferl im grellen Sonnenlicht. Landstrasse und Bahnlinie nahe am Fluss, dahinter bis zu tausend Meter hohe Berge. „Es sind fast zwei Stunden zu paddeln bis Melk", sage ich zu den andern. „Hier ist es breit und der Stromzug gut, wir machen Paketfahrt ", schlägt Helga vor. Gunda rechts, ich links des Dickschiffes und Willi steuert mit dem Fußsteuer so bleiben wir einigermaßen im Stromstrich und machen dennoch gut Fahrt. Wir treiben an Pöchlarn, das heute noch von einer Mauer mit Türmen umgeben ist, dem Hauptort des Nibelungengaues schnell vorbei. Zwischen den rechts – und linksseitigen Orten halten Rollfähren die Verbindung aufrecht, nur wenige Brücken überspannen die Donau. Da links Weitenegg, dessen Burg teilweise abgetragen und als Baumaterial verwendet wurde, nun einzeln weiter und als Schloss Luberegg sichtbar wird muss in den Seitenarm bei Km 2038 rechts nach Melk, der Wächter der Wachau, eingefahren werden. Etwas kniffelig zwischen Steindämmen die Einfahrt zu erwischen. Im etwas ruhigern rechten Donauarm ist gut anzulegen an der Pritsche des Donau-Ruderclubs Melk.

Willi ist heute dran am Quartier machen und ist als erster aus dem Boot, macht sich auf den Weg zum Haus. Ein schöner Platz unter schattigen Platanen wird uns zugewiesen. Das ist ein vornehmer Ruderclub, alles sehr sauber und ordentlich. Die Übernachtung kostet auch entsprechend, drei Schillinge für Person und zwei Schillinge für das Zelt, Duschen und Warmwasser inklusive. Nach dem Hochschleppen und Aufbauen ausruhen auf einer Bank im Schatten und dem Treiben der Ruderer zusehen, die Zweier und Vierer zur Pritsche tragen, die langen Blätter einhängen und zur Trainingsfahrt flussauf starten. „Mindestens einen Ruhetag machen wir hier, zwei Fahrtentage trennen uns noch von Wien, denn da geht die Reise hin", erklärt uns Willi. „Morgen ist vormittags erst mal Waschtag", sagen die Paddlerinnen einstimmig. Willi und ich laufen den kurzen Weg zum Städtchen um für den Abend Wein aus der nahen Wachau zu besorgen. Guter Tipp, aber nicht so preiswert bei zwölf Schillinge für die Literflasche. Nach dem sehr warmen Sommertag gibt es erst mal Tee, „für den Durst ist das besser als Wein", meldet sich Helga zu Wort. „Klar", entgegnet Willi, obwohl er lieber vom Wachauer-Wein getrunken hätte. Die Frauen beginnen sehr früh am Morgen mit der großen Wäsche. Willi bastelt an seinem Faltbootgerüst, ein Sentenstab hat eine Bruchstelle und er steckt sie neu zusammen mit einer passenden Messinghülse. Ich mache mich auf den Weg zur Rollfähre um zu erfahren wie und wo die umliegenden Sehenswürdigkeiten zu erreichen sind, denn die Fährleute sind erfahrungsgemäß am

Melk an der Donau

besten informiert. Emmersdorf und Schloss Lubberegg mit der Fähre übersetzen und ein kurzer Fußweg in die richtige Richtung. Zur Burg Aggstein ist ein Bus der Post zu nehmen, der stündlich ab Melk fährt. Das berichte ich den zurückgebliebenen Mitpaddlern. Die Wachau zwischen Melk und Krems ist eine der anziehensden österreichischen Landschaften. In manchen hinter seiner Zeit zurück, denn die Schifffahrt auf der Donau ist nicht mehr so bedeutend, seit es Eisenbahnen gibt. Am Nachmittag zur Bushalte an der Brücke und in fünfzig Minuten ist der Weiler Aggstein erreicht. Aufstieg zur Burgruine durch dichten Hochwald nochmals eine Stunde. Die Kuenringerburg bietet einen tollen Blick über die Wachau. An den Hängen noch alte, heute nicht mehr bebaute Weinberg-Terrassen. An der Haltestelle stehen schon einige Fahrgäste und der gelbe Postbus hält brummend vor uns. Zurück über Schönbühl mit Schloss auf hohem Felsen und Kloster im Tal. Hier beginnt die Wachau, Melk, das Tor zur Wachau hat dreitausend Einwohner und ist Sitz der Bezirkshauptmannschaft. Das barocke Benediktinerstift überragt Donau und Kleinstadt mit seiner ausgedehnten Anlage. Der Innenhof mit Springbrunnen, das Klosterarchiv und die Bibliothek mit über 70tausend Bänden und 1800 alten Handschriften ist es wert besucht zu werden. So schließen wir uns einer Führung an, die geht über eine Stunde für sechs Schilling die Person. In der Stadt die Pfarrkirche, das Rathaus und das frühklassizistische Posthaus, die vielen kleinen Gässchen die zur Donau hinunterführen sehen wir noch, bevor wir das Gasthaus „Goldener Hirsch" entdecken, das besonders gut und preiswert sein soll. Speise- und Getränkekarte ansehen und sofort einen Tisch besetzen und wir bestellen einen „Gespritzten", das sei ein Wein mit süßem Sprudel erklärt uns die Bedienung mit Spitzenhäubchen und passendem Schürzchen. Bei der hochsommerlichen Witterung mit 25 Grad im Schatten suchen wir uns was leichtes österreichisches aus Palatschinken eine Eiermehlspeise mit Rosinen. Als das auf den Tisch kommt sind es vier Riesenportionen. „Es wird alles aufgegessen, dann brauchen wir heut`

Abend nur noch eine Kleinigkeit und ein Glas Wein ", sagt Helga und Gunda bestätigt das. Willi und ich können nur noch bezahlen und dem Rat der Damenmannschaft folgen. Der zweite Ruhetag in Melk klingt gemütlich aus nur noch zwei Paddeltage bis Wien mit insgesamt zehn bis zwölf Stunden Fahrzeit ohne Pausen. Morgen die Zelte abbrechen und der schwimmende Wanderzirkus zieht weiter Richtung Osten nach dem Motto: „wo geht die Reise hin? " natürlich nach „Wien", wo denn sonst damit sich das reimt.

Es ist warm mit unvermindert scheinender Sonne und leichtem Gegenwind, der uns gleich nach dem Start entgegenbläst. Ein letzter Blick zurück auf das Benediktinerstift. Voraus Aggsbach-Dorf rechts und Aggsbach-Markt am linken nördlichen Ufer. Hoch oben die Ruine Aggstein, einst ein gefürchtetes Raubritternest, doch die Aufmerksamkeit gilt dem Wasserweg, denn klappernd nähert sich von hinten ein Raddampfer. Der Gegenwind ist wie weggeblasen, denn die Donau fließt nun geradewegs nach Norden und an beiden Ufern Weinberge auf steilen Hängen. Der Hirschenkogel mit der Teufelsmauer am westlichen Ufer, Tischwand und Rote Wand im Osten erheben sich bis auf über 700 Meter. Spitz, ein bekannter Weinort und Mittelpunkt der Wachau, lenkt den Fluss nach Nordosten ab. Weinberge, Straßen rechts und links und eine Bahnstrecke mit Verkehr fast wie im Rheintal, Wösendorf und Weißenkirchen sind alte Ansiedlungen im Weinbaugebiet und bestimmt wert anzulegen, auszusteigen und anzusehen. Bei nur einer Stunde Aufenthalt fehlen uns zehn Kilometer Paddelstrecke. Aus unserer Sicht ist der Blick auf die Uferlandschaft, die umgebenden Berge, Weiler, Dörfer und Städte genauso interessant wie eine Besichtigung. Autofahrer sind fünfmal schneller unterwegs wie Ruderer oder Paddler und sehen nur ein zehntel dessen was der Bootfahrer sieht. Der Schreiberberg und der Vogelberg mit über fünfhundert Metern lenken den schnellen Wasserlauf wieder in seine Hauptrichtung nach Osten. Immer noch begleiten Weinberge auf steilen, felsigen Hängen die flotte Fahrt stromab.

Dürnstein, ein uraltes Städtchen in herrlicher Lage, hat eine gute Anlandemöglichkeit, die zur Rast einlädt. Mit etwas über sechshundert Einwohnern bietet der Ort einiges, die barocke Stiftskirche, alte Bürgerhäuser und die riesigen Stiftskellereien der Winzergenossenschaft. Zur Entspannung machen wir einen kleinen Rundgang zwischen alten Häusern und Weinbergen. Nach wenigen Kilometern, zeitlich ausgedrückt sind das neunzig Minuten, ist Krems erreicht. Eine alte Stadt mit 23tausend Bewohnern, einer Burg, Museum und vielen Kirchen lässt uns ungehindert weiterpaddeln. Der Fluss strömt ins Tullner Becken. Die Rollfähre Traismauer setzt über und bewegt sich auf den letzten Metern vor dem Ufer. Auf den Hängen des südlichen Ufers enden die Weinberge der Wachau und es beginnen ausgedehnte Auwälder die, die Landschaft auf weite Strecken bestimmen. Fischreiher, Enten, Bussard und Elster haben hier ihr Revier. Vor Hollenburg eine Motorfähre und nun an den Ufern einige schöne Zeltmöglichkeiten. Wir wollen in Ortsnähe übernachten, da mit wenig Trinkwasservorrat gefahren wird. Bei Altenwörth in der Nähe der Paddlerstation von Frieda Hametner ist die Stelle in einem Altwasserarm, die ich anpeile und auch finde. Zeitig landen wir hier an, so ist auch Zeit um im nahen Ort noch etwas einzukaufen und die Wassersäcke zu befüllen. Auf der Wiese ein Plumpsklo, Holzhäuschen innen Kasten mit Deckel über einem zwei Meter tiefen Loch. Es sind vier Boote und drei Zelte auf dem Platz. Bezahlt wird bei Frau Hametner drei Schillinge pro Zelt. Mitten im Juni sind die Nächte bekanntlich kurz, nach zehn Uhr dunkel und früh um fünf geht die Sonne auf. Der Abend warm und windstill, Tausende verschiedener Mücken tanzen über Wasser und Wiese und versuchen sich an uns, trotz der Unmengen stinkender Mückenmittel mit denen wir uns zur Freude der chemischen Industrie eingerieben haben. Die Petroleumlampen stinken vor sich hin, was jedoch die Plagegeister auch nicht vertreiben kann. Ab und zu ruft ein Waldkauz in die langsam beginnende Dämmerung. Unsere letzte Nacht in freier Natur morgen stehen die Zelte am Kuchelauer Hafen am

Rande der Großstadt. Jeder Tag so wunderschön wie heute, im Fahrtenbuch trage ich ein: „MW (mittlerer Wasserstand) und Sonne", das sind und waren beste Bedingungen auf dieser Fahrt. Fast eine Woche Zeit für Wien und die Rückfahrt. „Noch fünf bis sechs Stunden bis zum Tages- End- und Urlaubsziel", sagt Willi als er mit Schwung ins Boot steigt und vom Ufer abstößt. Gleich kommt Zwentendorf mit kleiner Insel und schmaler Fahrrinne, wo man etwas wachsam sein sollte. Danach Altarme und dicht bewachsene Auwälder bis kurz vor Tulln, der alten Stadt mit fünfhundert Einwohnern, deren Straßen- und Eisenbahnbrücke wir durch die mittlere Öffnung passieren. Rechtes Ufer Ort an Ort, links Auwald soweit der Blick reicht und hinter Langenlebarn ein Blinklicht auf rot-weißem Mast, wo nach meiner Donaukarte ein Lagerplatz sein soll. Ich will versuchen diesen anzusteuern, was auch gelingt, da einige Meter oberhalb ein Wassergraben die gefahrlose Zufahrt ermöglicht und gut angelandet werden kann. Alle schaffen das an einer seichten Stelle ist gut auszusteigen.

Ein schattiger Platz unter hohen alten Bäumen zwischen Auwald und Flussufer bietet Schutz vor der senkrecht stehenden Mittagssonne. „Zwei Stunden Pause brauch ich" ist Gundas Wunsch. Willi und ich sichern die drei Boote mit langen Leinen an einem Baum. Willi sagt: „meinem Boot will ich nicht nachlaufen oder nachschwimmen, ist bestimmt keine Freude in der grau-schwarzen Brühe, die taugt nicht mal zum Füße waschen". Betrachtet man die Bootshäute von der Seite da ist ein schwarzer Dreckrand deutlich sichtbar. Das sind die Nachteile beim Paddeln auf solchen Flüssen und das wird nur noch von der Landschaft und der hohen Fließgeschwindigkeit wettgemacht. Etwas mehr als eine Stunde Paddelarbeit liegen noch vor uns als wir nach langer Pause wieder im Boot sitzen und die Paddel ins trübe Wasser tauchen um uns weiter zu schaufeln. Bald endet der Auwald und die Ausläufer des Wiener Waldes lassen der Bahn und der Strasse wenig Raum am Ufer. Kronneuburg und Klosterneuburg säumen mit ihrer Bebauung beide Ufer, rechts der Kahlenberg und bei Stromkilometer

1935,2 am rechten Ufer die Einfahrt in den Kuchelauer Sporthafen. Eine komfortable Anlege, die Boote werden auf einem Wagen über eine schiefe Ebene mittels Motorseilwinde auf den einige Meter hohen Damm gezogen.

Auf dem Campingplatz sind nur einige Bäume und wenig schattige Plätze. Otto, das ist der Platzwart weist uns die Plätze an und wünscht schöne Tage in Wien. Alles raus, Endstation für die Fortbewegungsmittel, Zeltbau und einrichten auf einige Tage. Wir haben uns viel vorgenommen, Prater, Hofreitschule, Schönbrunn, Grinzing und Volksoper, dafür haben wir noch gute Klamotten mitgenommen. Heute ist Freitag und da bleiben uns fünf Tage Zeit für die Millionenstadt Wien. Die Zeltnägel sind schwer in den Boden zu bekommen, der ist hart wie Stahl und die Grasnarbe höchstens fünf bis zehn Zentimeter stark. Hoffentlich hält das bei starkem Wind, der Platz liegt ziemlich frei und etwa fünf Meter über dem Wasserspiegel, wenn das Wetter hält passiert nichts hoffen wir. Am Samstag sind wir voll beschäftigt mit unserer Ausrüstung. Boote säubern innen und außen, den schwarzen Dreckrand vom Donauwasser entfernen auf der gummierten Fläche zeitaufwändig und mühevoll. Helga und Gunde machen Waschtag dazu habe ich eine lange Leine zwischen zwei Bäumen gespannt, in leichtem Wind flattert später die Wäsche auf der Leine. Alles was nicht mehr benötigt wird ist zu verpacken. Mittags mit der Elektrischen zur Volksoper im IX. Bezirk, einer von 23 in Wien, um zu erkunden ob es für eine Operette Karten gibt. Halbstündige Fahrt durch Vororte und Stadtbezirke mit vielen Haltestellen und Gebimmel bis zur Volksoper an der Währinger Strasse. Für die Montagabend-Vorstellung bekommen wir vier Karten 20. Reihe, hinten links, Platz 17 bis 20 für die Operette „Land des Lächelns", von Franz Lehar. , Preis 24 Schillinge der Platz. Rückfahrt mit der schwankenden in den Kurven kreischenden Straßenbahn. Vom Fahrscheinheft mit sechs Fahrten für fünf Schilling hat jeder von uns zwei Billets verfahren. Einige Fahrten in die ehemalige Residenz der Habsburger und deutschen Kaiser müssen wir noch machen in den nächsten

Tagen. Sonntag nach Schönbrunn, die herrliche Barockanlage das Versailles Wiens am anderen Ende der Stadt, am Wienfluss gelegen, um die weitläufigen Gartenanlagen und den Tierpark zu besuchen.

Am Abend sitzen wir auf den Kahlenberg beim Heurigen, mit herrlichem Blick über das Häusermeer und Wiener Becken. Durch die Weinkneipen ziehen Musikanten mit Geige und Knopfakkordeon, spielen auf, sammeln und ziehen weiter. Am eindruckvollsten ist die Dämmerung, wenn rundherum die vielen Lichter über der Stadt leuchten. Es wird spät, bis wir auf dem Campingplatz zurück sind. Am nächsten Tag sind etwas mehr als zweitausend Meter und eine halbe Stunde Fußmarsch nötig um die Fahrkarten für die Rückfahrt an der Dampferanlege zu kaufen. Das Schiff legt um acht Uhr früh ab erfahren wir. Hoch über die Dächer der inneren Stadt ragt der Stephansdom. Der Vergnügungspark Prater mit Riesenrad, Buden und Schaugeschäften ist das nächste Ziel mit der Straßenbahn. Am Abend die Operette in der Volksoper, volles Programm heute. Nach dem festlichen Operettenabend späte Rückkehr zu den Zelten. Es ist Stockdunkel mit prächtigem Sternenhimmel in kühler Nacht. Eine lange Schönwetterperiode haben wir erwischt, es hätte auch anders kommen können. Kaum Wind, keine Gewitter und angenehm warm in diesen Tagen. Nächster Tag, mit zweiter oder dritter Sechserkarte und der Bimmel mitten in die von hektischem Treiben erfüllte Großstadt. Fahrt bis zur Hofburg mit einmal Umsteigen in eine andere Linie. Hofburg mit spanischer Reitschule, der wir einen Besuch abstatten und eine Dressurvorführung mit Lipizzanern erleben. Der Stolz der Hofreitschule sind die weißen Lippizaner Hengste, die hier nach alter Tradition zur hohen Schule zugerichtet werden. Der 136 Meter hohe Turm des Stephansdomes und die Fiaker mit ihren Kutschen, Parlament, Rathaus und Burgtheater sind die besonderen Anziehungspunkte der Stadt. In den Hauptgeschäftstraßen, wie Kärntner- und Mariahilferstraße ist viel Betrieb heute. Über Schottenstraße vorbei an der Börse erreichen wir den Donaukanal und den Augarten-Park.

Eine schmiedeeiserne Parkbank mit Eichensitzen und Lehnen nutzen wir zu einer Ruhepause unter schönen alten Bäumen. Mit der Elektrischen zurück zum Kahlenbergerdorf und noch ein kleiner Fußmarsch zum Platz.

„Gut geschlafen nach dem anstrengenden Tag in Wien?" frage ich Helga und Willi. „Ja, ja", antworten beide. Willi macht sich auf nach Kuchelau, das nur aus ein paar Häusern besteht und kommt mit einer Tüte voll schöner, frischer Semmeln zurück. „Morgen gibt es kein Frühstück, um fünf aufstehen, den Rest abbauen, verpacken und um sieben auf die Socken machen zum Dampfer, sind wir nicht pünktlich fährt der auch ohne uns ", „Ja du hast recht", gibt Helga zurück. Heute geht es noch mal auf einen Rundgang zum Leopoldsberg mit schöner Aussicht auf Fluss und Stadt. Der Rückweg zu den Zelten führt durch die Weinberge des Nussberges ins Tal. Drei Stunden waren wir unterwegs. Bei Otto den Platz bezahlen, vier Personen für sechs Nächte sind zusammen 120 ÖS erfahren wir und melden uns für morgen gleich ab. Gegen Abend wird alles was nicht für die Nacht benötigt wird abgebaut und verpackt. In der früh um sechs muss es schnell gehen, wollen wir pünktlich an der Abfahrtsstelle eintreffen. Es bleiben nur die Innenzelte stehen und hoffentlich regnet es nicht. Zelte, Luftmatratzen, Schlafsäcke und Waschzeug kommen ganz zum Schluss in die Packtaschen. Rechtzeitig gegen fünf aufstehen und kurz vor sechs sind alle bereit in Richtung der Dampferanlegestelle loszuschieben.

Die Sonne steht flach über der Donau, es ist kühl und feucht zu dieser frühen Stunde. Wir sind zwanzig Minuten vor Abfahrt am Schiff, das schon unter Dampf steht und die Ölbefeuerte Maschine brummt, die Planken zittern. Ein Uniformierter mit Stern und Streifen an der blauen Jacke kontrolliert die Fahrscheine. Das weiße Schiff hört auf den Namen „Stadt Linz" fährt als Schnellschiff und legt nicht an jedem Dorf an. Ankunft laut Fahrplan am nächsten Tag um elf, unverbindlich, wie da steht. Die Abfahrt mit fünf bis sechs Minuten Verspätung, die Glocke wird dreimal kurz angeschlagen, über Lautsprecher das Kommando: „Leinen los" und das breite Salonschiff setzt sich mit klappernden Schaufelrädern langsam in Bewegung stromauf. Wir sitzen auf dem Vorschiff bei mitgebrachten Broten und Kaffee aus der Schiffsküche. Der weiße Stahlkoloss nimmt Fahrt auf und bald liegt der Kuchelauer Hafen und der Kahlenberg hinter uns. Die Fähren bei Korneuburg und Greifenstein werden mit einem langen Signal mit der Dampfpfeife vor dem Herannahen des Dampfers vorgewarnt. Nun zieht alles was wir vom Paddelboot aus gesehen haben nochmals an uns vorbei in umgekehrter Reihenfolge und aus einem anderen Blickwinkel. Der erste Halt ist Tulln, zwei verlassen das Schiff, fünf steigen zu, keine zwei Minuten und die Schaufelräder rattern wieder los. Die Tullner Brücke erfordert es den langen Schornstein umzulegen. Zwei Mann ziehen vom Hinterdeck an Seilen und nach der Brückendurchfahrt lassen sie los und das Viermeter Ungetüm richtet sich mittels Gewichten wieder langsam auf. Mal schnellere, mal langsamere Fahrt je nach Gegenströmung. Halt planmäßig oder nach Bedarf, ein, zwei, drei oder mehr Minuten am Staiger, Glockenschlag und Abfahrt. Bei entgegenkommenden Schiffen gilt die Vorbeifahrt in der Regel rechts, geht das wegen der besonderen Fahrwasserverhältnisse nicht, muss der Bergfahrer auf der Steuerbordseite mit einer blauen Flagge dies anzeigen, der Talfahrer hat das mittels blauer Flagge zu bestätigen. In der Wachau, wo die Strömung stärker wird, geht es langsamer voran. Am späten Nachmittag vor Ybbs- Persenbeug fast eine halbe Stunde warten vor geschlossener Kammer. So bleibt Zeit das Schloss Persenbeug, Geburtsstätte des letzten deutschen Kaisers Karl I., ausgiebig aus einiger Entfernung anzusehen. Endlich eine Stunde später Ausfahrt in den Strudengau. Kurzer Halt am Städtchen Grein und die Fahrt geht weiter durch das Auwaldgebiet des Marchlandes. Am Anleger Enns, gegenüber von Mauthausen, längerer Aufenthalt. Es wird be- und entladen was dauert. Die Sonne verschwindet glutrot über dem westlichen Horizont und es wird schnell dunkel und das Schiff gleitet hell erleuchtet in die Nacht.

An der Einmündung der Traun, einige Kilometer vor Linz beginnt das Hafen- und Industriegebiet der Stadt. Viele Lichter, rauchende Schlote und Geräusche, die schwer zuzuordnen sind dringen zu uns und mischen sich mit dem klapp-klapp der Schaufelräder. Das ändert sich erst als der Dampfer am Anleger Linz fest vertäut ist und außenbords das weiße Ankerlicht gesetzt hat.

Die Wallfahrtskirche auf dem Pöstlingsberg ist noch beleuchtet als wir müde auf den Bänken im vorderen Salon in die Schlafsäcke kriechen. Es rumort und ruckelt im Schiff und ich werde wach. Die Uhr zeigt gerade die fünfte Stunde an. Draußen dämmert schon der neue Tag. Gunda, Helga und Willi werden wach, Willi murmelt: „die lassen die Maschine schon laufen, es ist doch noch eine Stunde bis zur Abfahrt." Bald darauf kommet einer der Maschinisten und fordert uns auf zusammen zu packen, da bald die ersten Fahrgäste kämen. Morgenkaffee wie gestern, eigene Brote und frischen Kaffee aus der Bordküche. Drei Glockenschläge und der Ruf; „Leinen los" und die Klappermühle löst sich vom Ufer und mit umgelegtem Schornstein geht es durch die Brücken. Vorn am Bug, ganz an der Spitze, ein etwa zwei Meter Stahlstab und oben eine große Öse, was bedeutet das frage ich mich. Später kommt ein Besatzungsmitglied der DDSG und ich frage nach der Bedeutung dieses Stabes. Er erklärt das so: „auf dem Ufer stehen an bestimmten Stellen immer wieder weiße Kreuze auf verschieden hohen Stangen, diese peilt der Steuermann von der Brücke durch den Ring an und hält so den Kurs zusätzlich zur nicht immer vorhandenen Betonnung." Da habe ich wieder was dazugelernt. Kurzer Halt in Ottensheim, es folgt das Aschacher Kachlet. Wo aus unserer Sicht die Großbaustelle gut zu übersehen ist. Im Mühlviertel die Engstelle Schlögener Schlinge danach wird im Topp eine blaue Flagge hochgezogen und ein Schleppverband mit zwei Anhängen wird überholt. Zeitaufwand fast eine halbe Stunde. Wesenufer, kein Halt niemand steigt aus und am Staiger fehlt die blau-weiße Flagge, also will niemand zusteigen bedeutet weiter ohne Halt. Nach Engelhardszell die Stauanlage Jochenstein und

Grenze zur Bundesrepublik. Die Kammer ist leer und offen, die Ampel auf grün. Das Klappern der Räder hallt in der Betonwanne bis festgemacht ist. Zwanzig Minuten bis ins Oberwasser, drei Zollbeamte kommen an Bord, die kommen vom andern Schiff, das zur gleichen Zeit, von Passau kommend, in die Nebenkammer einfuhr. Wir mussten nur die Ausweise zeigen und wurden gefragt ob wir was anzumelden hätten. Pünktlicher als pünktlich, etwa eine halbe Stunde früher als im Fahrplan angegeben ist am Kai vertäut.

Wir rollen die Gepäckberge von Bord in Richtung Bahnhof in der Mittagshitze. Über eine Stunde Zeit, bis der Schnellzug nach Frankfurt, von Wien-Westbahnhof kommend, einrollt. Brot, Wurst und Käse auspacken im Schatten des Bahnsteigdaches auf einer Bank sitzen und das Gepäck so hingestellt, dass es als Tisch dient. Die Idee hatte Willi. In der Bahnhofsgaststätte besorge ich noch für jeden ein Bier. Der Zug fährt ein und wir stehen dort zwischen den Post- und Expressgut Wägelchen zum verladen. Klappt wie gewohnt und wir sitzen im Abteil mit letztem Blick auf die Dreiflüssestadt und die umliegenden Berge. Über Regensburg, Nürnberg und Würzburg nach Frankfurt. Städte, Dörfer, Berge und Flüsse bemerken wir nur nebenbei. Die Unterhaltung dreht sich um die Erlebnisse der letzten Tage und Wochen, die wie im Fluge vergingen. Schon werden neue Pläne für die nächsten Fahrten geschmiedet. Nach mehr als sechs Stunden stehen wir mit unseren Packstücken auf Rädern im Frankfurter Sackbahnhof und suchen den Bahnsteig wo der Eilzug über Darmstadt und Bensheim nach Heidelberg abfährt. Um 20 Uhr 35 auf Gleis 11 steht im Plan, von vier auf elf karren ist einfach und lange vor Abfahrt stehen wir wie gewohnt zwischen den vielen Postkarren mit Bergen von Paketen. Hier bleibt genügend Zeit, da die Lok noch umgespannt wird und Bremsprobe gemacht wird, dabei geht ein Arbeiter von Wagen zu Wagen und klopft mit einer Eisenstange die Bremsteile ab. „Über eine Stunde unterwegs, da wird es spät bis wir im Bootshaus ankommen, schieben wir bei uns zu Hause vorbei, ich muss den Schlüssel noch holen " sagt Willi. Es wird Mitternacht von Linz bis

Heidelberg waren es 18 Stunden Fahrzeit. Wir haben viel erlebt und gesehen auf der langen Donaufahrt, doch keinem von uns ist eine „Donaudampfschifffahrtskapitänswitwe" begegnet. Am nächsten Tag ist im Bootshaus die Ausrüstung auf Vordermann zu bringen, alles reinigen und Boote mit dem Bug zum Ausgang legen, genau nach der „Bootshausordnung".

1962 Vom Weserstein zum Mittellandkanal

Die Planung des nächsten Sommerurlaubes beginnt im Winter. Wer fährt mit auf die Weser von Hannoversch-Münden bis Minden? Zweihundert Kilometer mit nur einem Wehr in Hameln. Ohne Umtragen, weil in Hameln seit kurzem eine Bootsgasse, die Erste in Deutschland, in Betrieb ist. Anfangs- und Endpunkt sind gut mit der Bundesbahn zu erreichen. Wir können niemand aus dem Verein dafür begeistern. So machen wir das zu zweit, meine Freundin Gunda und ich mit neuen Klepper T 9 Einern, genannt „Tilikum" das Frauenboot und „Xora" das mir gehorcht. Beide mit Wildwasserspritzdecken, Paddelhaltern auf den blauen Oberdecks und neuem dreiteiligen Packtaschensatz. Nun zum Bahnhof, dort erhalten wir die Auskunft, dass die Zugverbindungen zu Start und Ziel der vorgesehenen Paddeltour gut sind. Der Fahrpreis Hin- und Rückfahrt mit Fahrradkarten und Schnellzugzuschlägen soll 82 Mark pro Person kosten. So können wir nun vorplanen welche Kosten auf uns zu kommen, nach früheren Erfahrungswerten müssten eigentlich sechs- bis siebenhundert Mark für beide ausreichen. Flussführer und Karten besorge ich frühzeitig. Als Urlaubstermin sind zwei bis drei Wochen Ende Mai, Anfang Juni vorgesehen. Vor Ostern werden Boote und Ausrüstung auf die bald beginnende Paddelzeit vorbereitet. Erste kleinere Tages- oder Wochenendfahrten auf dem Neckar nach Neckarsteinach und auf den Rhein bis Worms oder Oppenheim werden geplant und durchgeführt.

Der Urlaubstermin rückt immer näher, Mitpaddler haben wir leider nicht gewinnen können, und ich muss mich um die letzten Vorbereitungen kümmern. Es sind noch etwa zwei Wochen bis zur Abfahrt. Mit Gunda sehe ich noch mal die Ausrüstungslisten durch um ja nichts zu vergessen. In den Tagen kurz vor der Abreise werden die Zugverbindungen am Bahnhof erfragt und die Fahrkarten gekauft. Abfahrtstag ist übermorgen am Samstag um 8 Uhr 15 auf Bahnsteig vier. Es reicht morgens die Gepäckstücke zum Bahnhof zu rollen. Übliches Spektakel, die Bootswagen passen gerade so durch die Sperre, wo Fahrkarten kontrolliert und mit einer Zange markiert werden, die Treppen runtertragen und zwischen Post- und Paketkarren auf den einfahrenden Schnellzug warten. Dann sind die Einer im Packwagen verschwunden und wir im anschlie-ßenden zweiter Klasse Wagen. Abpfiff, und es geht ratternd über das Gleiswirrwarr des Rangierbahnhofs Heidelberg-Wieblingen über Friedrichsfeld, die Neckarbrücke bei Ladenburg und entlang der Bergstraße mit letztem Blick auf Königstuhl und Heiligenberg. Nach Halt in Bensheim, Darmstadt und Langen rumpelt der Zug über die Mainbrücke in den Kopfbahnhof Frankfurt. Lockwechsel, das dauert etwas bis er wieder über den Main rollt und in Richtung Offenbach, nach der nächsten Mainbrücke, Hanau, Fulda, Bad Hersfeld und Bebra sind Bahnhöfe mit längerem oder kürzerem Halt, das hängt von der jeweiligen Ladetätigkeit ab, Kassel wieder Kopfbahnhof mit umspannen der Lock. So haben wir es nicht eilig an das Gepäck zu kommen. Zum Personenzug nach Göttingen mit Halt in Hann.-Münden ist der Bahnsteig zu wechseln und in einer guten halben Stunde die Weiterfahrt. Kassel, das an der Fulda liegt, hat viele interessante Gebäude und wir keine Zeit etwas hier zu besichtigen. Der Bummelzug fährt langsam einen großen Bogen westlich um die Stadt mit Blick auf die Wilhelmshöhe und den Herkules. Ab Wahnhausen führt die Bahntrasse am rechten Fuldaufer entlang, es geht langsam voran da an jedem Bahnhof angehalten wird. Endlich ist Münden erreicht und wir nehmen unsere Boote am Packwagen in Empfang. Kaum rausgehoben kommt der Abpfiff des Schaffners und der Zug entschwindet in nördliche Richtung.

Der Nachmittag mit sommerlicher Witterung lässt uns langsam die Wägelchen schiebend durch das malerische Städtchen mit den zahlreichen alten Fachwerkhäusern, vorbei am Rathaus mit Portal, Giebeln und Erkern, zum Weserstein gelangen. Darauf steht: „Wo Fulda und Werra sich küssen, ihren Namen sie büßen müssen." Auf schöner Wiese unter schattigen Bäumen bauen wir, von neugierigen Spaziergängern beobachtet, unsere Boote Tilikum und Xora auf und verstauen die Ausrüstung. Eine Stunde vergeht bis das Ablegemanöver den Abstand zu den Neugierigen vergrößert. Rechts ist ein Pionierübungsgelände mit viel Kriegsmaterial, doch bei vier Kilometer Stromgeschwindigkeit bleibt alles schnell hinter uns. Es ist spät geworden und ich peile bald einen geeigneten Übernachtungsplatz an. Zwischen Reinhardswald im Westen und Bramwald östlich der Weser mit ihren bis über vierhundert Meter hohen bewaldeten Erhebungen paddeln wir dahin. Zwei Fähren sind zu passieren, die liegen fest am Ufer vertäut. Hinter Reinhardshagen auf dem rechten Ufer ein kleiner Zeltplatz, das Tagesziel ist erreicht. Am nördlichen Ortsrand zwischen Fluss und Straße steigen wir aus. Der Platz ist klein, einfach und zur Hälfte belegt, es ist auch Wochenende und einige Paddelboote liegen auf dem Rasen. „Heute abend wird außer Tee, nichts mehr gekocht", sagt Gunda und schmeißt den Enders – Kocher an, der nun faucht und zischt. Das Zelt steht und vom Platz aus haben wir einen schönen Blick auf den Fluss, die gegenüber liegenden Obstwiesen und den dunkelgrünen Wald. „Morgen kommen wir nach Karlshafen und bleiben dann einen Tag", sage ich.

Am nächsten Morgen nach einem gemütlichen Frühstück trägt uns die Strömung weiter. Der Wasserstand ist normal, tauche ich das Paddel mal tief ein gibt es manchmal Grundberührung. An einigen Stellen sind Aalkörbe ausgelegt, an einer Uferseite ist offen für die Schiffe und mit einer Boje gekennzeichnet. Bei

Windstille und fast wolkenlosem Himmel paddeln wir zwischen dem Waldreichen Weserbergland dahin. Bursfelde mit Stiftskirche und ihren achthundert Jahre alten Wandmalereien liegt nahe am rechten Ufer. Langsam wechselt vor uns die Autofähre von links nach rechts. In Giselwerder die Badeanstalt mit Campingplatz bietet eine Anlegestelle für die ausgiebige Mittagspause. Fast jeder Ort hat eine Fähre, größere Städte verbinden Brücken mit dem anderen Ufer. Es sind nur Ausflugsschiffe unterwegs, bei niederen Wasserständen wird vom Edersee- Stauwerk Zuschusswasser für die Oberweser-Schifffahrt gegeben. Nach langer Mittagsrast auf dem gut besuchten Platz steigt Gunda als Erste ins Boot und ich schiebe sie ins Wasser. Noch nicht weit gepaddelt da taucht die Fähre von Lippoldsberg vor uns auf. Im Ort das ehemalige Kloster St. Maria und Georg mit romanischer Kirche dessen Türmchen sind aus der Faltbootperspektive zu erkennen. Die Schwülme, die in der Nähe von Göttingen entspringt, mündet von rechts ein. In einer großen Flussschleife zwischen Feldberg und Kahlberg liegt Bodenfelde mit viertausend Einwohnern, ein staatlich anerkannter Erholungsort mit vielen Freizeiteinrichtungen. Zwei Stunden paddeln bis zum Tagesziel Campingplatz Karlshafen durch das enge Wesertal zwischen Solling und Reinhardswald.

Das Tal weitet sich und in der Innenkurve des rechten Ufers ist eine Sandbank. Die ideale Anlegemöglichkeit am Schwimmbad und Zeltplatz, wo Gunda gleich zur Anmeldung geht um uns einen guten Platz zu sichern bei dem Betrieb hier. Autofahrer, Paddler und Badegäste sind hier anzutreffen. Schnell, wie immer, steht das Zelt und Kaffeewasser ist bald fertig. Gegenüber mündet die Diemel, die ihr Wasser aus dem Habichtswald hierher bringt. Karlshafen, eine alte Hugenottenstadt, am Solling gelegen der 300 bis 400 Meter Höhe erreicht. Wir richten uns auf einen Besichtigungstag ein. Landgraf Georg hat die Stadt mit Hafen gebaut, da damals ein Kanal von Kassel zur Weser geplant war. In der Altstadt sind viele Bürgerhäuser, Rathaus mit Bogengang und das Packhaus (Zollamt) sehenswert für uns. Am Nachmittag spazieren wir zum

Aussichtspunkt „Julius Höhe" mit weitem Blick auf die Stadt, Weser und Diemeltal. Den noch warmen Sommertag vertrödeln wir im Schwimmbad und den Abend vor dem Zelt. Ein Zeitplan lässt sich leicht einhalten und läuft im Zweistundentakt ab. Vom Aufstehen bis zur Abfahrt etwa zwei Stunden, dann zwei Stunden paddeln, Pause auch so lange und anschließend noch mal ein bis zwei Stunden Paddelarbeit, gibt einen Achtstundentag. Beim Weiterpaddeln zeigt der Pegelturm 192 Zentimeter an, „genug für uns", sage ich zu Gunda meinem Paddelweib. Die nickt verständnisvoll, rückt den Sitz zurecht und paddelt los. Ich eiligst hinterher, keine Wehre, kaum Schiffsverkehr und leichte Strömung, dazu Sonne vom tiefblauen, wolkenlosen Himmel ergeben zusammen ein leichtes Vorwärtskommen. Bei Fähren und Aalreusen ist jedoch einige Vorsicht nötig. Das Tal weitet sich, die Berge treten zurück und machen Platz für Besiedelung, Ackerbau und Viehwirtschaft. Ab und zu ist ein Bauernwagen von Pferden gezogen unterwegs oder es tuckert ein Traktor mit Rauchfahne über die Felder. Bei Herstelle ist das Ende des Solling Durchbruchs und nach einem großen Weserbogen das „Amtsstädtchen" Beverungen am linken Ufer erbaut. Bei Blankenau, wo laut Flussführer ein Schloss sein soll, landen wir zur obligatorischen Pause an. Das wäre ein klassischer „wilder Zeltplatz" sage ich zu Gunda." „Wir haben doch vor beim Wassersport Club Höxter zu zelten" entgegnet Gunda, was ich auch bestätige. „Zwei Stunden sind es noch bis Höxter", sage ich zu Gunda als wir wieder lospaddeln. Paddler sind uns heute noch keine begegnet. Die Eisenbahnbrücke und Wagenfähre von Wehrden mit kleinem Gasthaus auf dem rechten Ufer lassen wir hinter uns. Kurz darauf Fürstenberg mit weltbekannter Porzellanmanufaktur, am Schiffsanleger steht Schwarz auf Weiß „Fürstenberg". Noch eine Eisenbahnbrücke vor der Mündung der Nehte und in flotter Fahrt nähern wir uns der Kreisstadt Höxter.
Die Anlegestelle des Wassersportvereins befindet sich am rechten Ufer und ist leicht zu erkennen. Ich schäle mich aus dem Boot, sehe mir den Hochwasserfreien Platz an und mache auch

die Anmeldung im Bootshaus. In einer kleinen Bucht ist eine bequeme Möglichkeit die schwersten Stücke zu entladen. Als das Zelt steht hat sich die Sonne hinter dunklen Wolken versteckt. Es sieht nach Gewitter aus, das nicht lange auf sich warten lässt. Unter dem Überdach ist der Platzregen auszuhalten und sollte es schlimmer werden ist hinter uns das Clubhaus. Hoffen wir, dass es nicht soweit kommt. Später, nach dem Gewitterregen, laufen Gunda und ich über den Damm bis zur Straßenbrücke mit Blick zur Stadt mit St. Nikolai und St. Kilian, deren Türme die Dächer überragen. Anderntags, immer noch trüb ohne Regen, die Sonne hat den Durchbruch nicht geschafft als wir losziehen. Unser erster Weg führt uns durch eine langgestreckte Allee zur Benediktiner Abtei Corvey, eines der bedeutensten Denkmäler des Abendlandes. Nach ausgiebiger Besichtigung geht der Rückweg durch die Stadt mit ihren alten Bürgerhäusern, dem Markt, das Rathaus und den beiden Kirchen, Einkehr in einem kleinen Gasthaus inklusive. Ab und zu lugt die Sonne durch die nun löchrige Wolkendecke. „Sollte am Mittag das Wetter besser sein gehen wir ins Schwimmbad ", sagt Mitpaddlerin Gunda. Bei einer Mark Eintritt kann man nichts verkehrt machen. Die Übernachtung beim Kanuclub kostet für DKV-Mitglieder nur 80 Pfennige die Nacht. Das hilft uns die Urlaubskasse zu schonen. Wir verlassen den gastlichen Ort wie wir gekommen sind auf dem Wasserweg. Eine große Flussschleife mit letztem Blick auf Stadt und Abtei nimmt uns auf und die stetige Strömung trägt uns weiter. Im Bogen durchschneidet der Flusslauf die hellen Kalkfelsen des Lipper Berglandes. Am rechten Ufer Holzminden, eine große Stadt mit Hafen am Solling. Links der über 200 Meter hohe Kandel dessen steile Hänge nur wenig Platz für die Strasse lassen. Heute ist wieder Sonne, die manchmal hinter Wolken verschwindet was das paddeln angenehm macht. Aalreusen sind ausgelegt und müssen umfahren werden. Weder Paddler noch Schiffe sind unterwegs. Eine Hochseilfähre und links Polle, am Ortsende unterhalb der Burg, der Campingplatz am Gasthaus „Zur Burg" aussteigen das Tagesziel ist erreicht.

Früher Nachmittag mit viel Zeit zu einem Gang auf die nahe Burg, in den Ort und den 213 Meter hohen Feldberg mit Aussicht auf drei Flussschleifen. Am nächsten morgen ziehen Nebelfetzen über das Wasser, bei fast wolkenlosem Himmel wird es warm und sonnig. Gegen elf Uhr paddeln wir gemütlich flußab. An Greve und Pegesdorf, kleinere Orte an linkem und rechtem Ufer, dahinter der Echtenberg und der Ehrberg paddeln wir vorbei. Aalreusen und Fähren, Zeltplätze und Gasthäuser bleiben in unserem, mit Kalisalzen belasteten, Kielwasser zurück. Der Zeltplatz von Bodenwerder, am Fuße des fast fünfhundert Meter hohen Waldberges Vogler gelegen, ist nach drei Stunden mehr oder weniger paddeln erreicht. Anlanden an einer leicht ins Wasser abfallenden Rampe, die eigentlich für Motorboote gebaut wurde, erleichtert uns das Entladen der Boote. Das Zelt stelle ich mit der offenen Seite so hin dass der Blick aufs Wasser fällt. Die Zeltfrau macht sich am Kocher zuschaffen. Ich frage neugierig: „was machst du heute?" „Du weißt doch es gibt Spätzle, Dosengulasch und Salat, den ich heute morgen gekauft habe", sagt Gunda und werkelt weiter. „Es muss so eingeteilt werden, dass wir mit dem Geld auskommen", sagt sie noch. „Das wird uns wie in den vergangenen Urlauben auch diesmal gelingen", gebe ich meinen Senf dazu. Damit ist das Thema erledigt und wir wenden uns dem Essen zu, was der Kajakfrau wieder gut gelungen ist. Der Abend ist trüb und einige Regenschauer prasseln auf das Überdach, alles „Klepperdicht" als wir gemütlich beim Tee sitzen und bald in die Schlafsäcke schlüpfen. Der Tag verspricht, wenn man den Wettersignalen „Dunst am Morgen" vertrauen darf, wunderschön zu werden. Die erste Woche und damit Urlaubsmitte ist vorbei, die Kajakfrau hat große Wäsche. Für mich bedeutet das: Leine aufspannen vom vorderen Überzeltstab zu zwei gekreuzten Paddeln verankert mittels Bodennadeln aus Alu etwa zwanzig Zentimeter lang von „Klepper". Zelte und Paddelboote sind am Platz und mit einigen dieser Paddler kommen wir ins Gespräch. Das dreht sich mehr um die schlechte Wasserqualität, wegen des Kaliabbaues in der

DDR, als um das woher oder wohin. Dies ist ein Hauptgrund der geringen Paddlerfrequenz. Ob wir das noch erleben, dass sich dieser Zustand bessert, fragen nicht nur Paddler, auch Angler, Naturschützer und andere beschäftigt das. Bodenwerder, die Stadt des „Freiherrn von Münchhausen" mit sechstausend Einwohnern, Jodsolbad und staatlich anerkannter Kurort ist immer einen Besuch wert. Über die Brücke durch die Brückenstraße zum Münchhausen-Platz stehen wir im Stadtkern vor dem Museum und Rathaus. Schmale Gassen und Gässchen, alte Bürgerhäuser und die 1000jährige Klosterkirche entdecken wir bei der Suche nach einem Biergarten. Der befindet sich nahe dem Schiffsanleger mit Blick auf Weser und den gegenüberliegenden Berg, die „Königszinne".

Auf der Weiterfahrt paddelt man unter zwei Straßen- und einer Eisenbahnbrücke hindurch, bevor der Fluss durch den steilen 192 Meter aufragenden Heiligenberg nach Westen abgedrängt wird. Nun macht sich ein leichter Gegenwind bemerkbar. „Hoffentlich ist das kein Zeichen für Wetterverschlechterung" bemerkt Gunda, die unentwegt paddelnde Kajakfrau. „Es sieht nicht danach aus", gebe ich zurück. Es folgt Hehlen mit kleinem Schloss und unser flotter Fluss fließt durch eine weite Ebene mit vielen landwirtschaftlichen Flächen. Nach der Fähre von Grohnde lässt die Strömung nach und es muss gegen den Rückstau des Wehres Hameln gekämpft werden. Was bald, gemessen am bisherigen Verlauf der Faltbootreise, in mühsamer Paddelarbeit endet, je näher wir der Stauanlage kommen. Straßen- und Eisenbahnbrücken zwischen Hagenohsen rechts und Kirchohsen links kreuzen den Fluss. Ein kleines Personenschiff und zwei schnelle Sportmotorboote kommen entgegen und bringen „Tilikum" und „Xora" zum schaukeln. „Noch eine Stunde zu paddeln schätze ich", „mal sehen ob du recht hast", sagt Gunda und paddelt kräftig, dass ihr Boot mit einer Bugwelle durch das Wasser pflügt. Die Stunde ist fast um als wir beim Kanu-Club an Land gehen. Hameln, die Rattenfänger Stadt, lässt uns einen Tag pausieren um uns etwas umzusehen. Die

Kreisstadt, 60tsd. Einwohner, ist Mittelpunkt des Weserberglandes. Wir sehen uns die historische Altstadt mit Fachwerkhäusern, Gebäude im Stil der Weserrenaissance, das Rattenfängerhaus und die Münsterkirche an. Vom Amtsgericht an der Weser über den Thiewall, Kastanienwall und Ostertorwall kommt man am Münster wieder an die Weser, was darauf schließen lässt, dass im Mittelalter die Stadt von Mauern und Wallanlagen umgeben war. Mittags gehen wir über den Fluss auf die Westseite um den Hausberg der Hamelner, den Klüt, zu besteigen und den schönen Blick über Stadt und Fluss zu genießen. Da bleibt heute keine Zeit zu einem Besuch des Freibades. „Was kochen wir heute Abend?", frage ich Gunda als wir am Zelt sind. „Reis und irgendwas aus der Dose von den zweien mit den abgeweichten Banderolen, wo ich nicht weis was drin ist", sagt Gunda mit vorwurfsvollem Blick in meine Richtung. In Zukunft ritze ich in jede Dose, die nicht wasserdicht verpackt werden kann eine Nummer ein, die ich dann mit Inhaltsangabe im Fotobeutel verwahre. „So machen wir das nun immer ", sage ich zur Kajakfrau. Das heutige „irgendwas" stellt sich beim Öffnen als Rindsrouladen heraus, passt zum Reis stellen wir erleichtert fest.

Nach Besichtigungstag und ruhiger Nacht gilt es nach einem Kilometer die Bootsgasse am Wehr zu überwinden. Es ist die erste dieser Art in Deutschland mit einmeterzwanzig Breite auch für Ruderboote geeignet. Ein Mast mit Ampel und Bedienungsknopf sowie eine Tafel mit Anweisung stehen am Ufer. Der Knopf ist vom Sitz aus zu erreichen. Ein Fingerdruck genügt das Tor öffnet, Wasser strömt ein und die Ampel zeigt „Grün" und nur noch lospaddeln und die Boote laufen wie auf Schienen ins Unterwasser. Bei normalen Wasserständen erübrigt sich ein zeitraubendes, mühevolles Umtragen. Für Gunda im „Tilikum" das gleiche Spiel. Es folgen zwei Inseln und der Pegel, der heute 180 Zentimeter zeigt, was noch Mittelwasser bedeutet. Vorbei an Uhlenburg, die Fähre Wehrbergen kreuzt vor uns, den mit vier bis fünf Kilometer in der Stunde dahinziehenden Fluss. Das erleichtert uns die Paddelarbeit und zwischendurch können wir uns auch mal treiben lassen. Das Tal ist nun breit und die Berge sind im Dunst nur schemenhaft zu erkennen. Eine einsame Flussstrecke mit nur wenigen Orten am Wasser. Zwei Fähren und eine Brücke verbinden beide Ufer. Hinter der Personenfähre Rumbeck entdecke ich am rechten Ufer einen schattigen Rastplatz für eine längere Pause. Ich krame den Benzinkocher raus und setze ihn in gang. Gunda füllt das Wasserkännchen aus dem Wassersack, wir haben soviel dabei um mal zwischendurch einen Tee oder Kaffee zu kochen. Dazu gibt es Brot, Hartwurst, Tomaten und Äpfel. Während wir im Schatten sitzen kommen mehrere Paddler vorbei, scheinbar eine Gruppe oder ein Verein. „Noch etwa zwei Paddelstunden bis Rinteln", sage ich zu Gunda als wir wieder in den Booten Platz genommen haben und die Paddel schwingen. Kurven mit Buhnen, deren Köpfe überspült sind erfordern einige Aufmerksamkeit. Die Wagenfähre Großenwieden liegt am rechten Ufer, der Fährmann sitzt eine Zeitung lesend auf der Bank. Es ist windstill, die Sonne brennt auf das Kalisalzhaltige Wasser, Boote und Paddel haben weisgraue Ränder. Nach mehreren Kurven eine Kies Verladestelle, dahinter ein großer Bagger und Fördereinrichtungen, vor uns die Kirchtürme von Rinteln. Noch eine Linkskurve und an der Mündung der Exter verlassen wir die Boote. Ein kleiner Zeltplatz bei „Vater Rohde" günstig zum Besuch der Stadt, preiswert und gemütlich. Die Kreisstadt, die heute besucht wird hat mehr als 20Tausend Einwohner. Es gibt viel zusehen, das Renaissance Rathaus, die Nikolaikirche und einen Marktplatz mit alten Adelssitzen und Fachwerkhäusern. In der Ritterstrasse die Adelshöfe der Herrn von Münchhausen und beim Blick über den Fluss das über 300 Meter hohe Wesergebirge mit seinen Waldreichen Höhen. Am Nachmittag schnappen wir die Badesachen und besuchen das nahe Freibad auf der anderen Flussseite.

Der nächste Tag sieht uns früh von Rinteln lospaddeln, um neun schwimmen wir weiter. Letzte Nebelfetzen ziehen über die Wasserfläche und das verspricht einen schönen Tag. Nach einer Straßenbrücke und vorbei an der Weserwerft ist links die Einfahrt zu einem großen Baggersee, das Tal ist breit mit Äckern, Wiesen und Viehweiden. Weiterhin flotter Stromzug, kurvenreich und nun kommt leichter Westwind auf, da war meine morgendliche Wetterprognose nicht ganz zutreffend, denn die Sonne verschwindet zeitweilig hinter schwarzen, bedrohlich aussehenden Wolken. Kein Regen als wir an Eisbergen vorbeiziehen, es geht nun in die zweite Südenbucht, auch „Veltheimer Bucht" genannt. Nahe der Personenfähre Veltheim steht ein Denkmal als Erinnerung an ein Unglück im Jahre 1926. Schnell erreichen wir die nächste Fähre, eine für Autos, die verbindet Erler mit Möllberg. Nach der nun folgenden Eisenbahnbrücke sind es nur wenige Minuten zu paddeln bis Vlotho. Unterhalb links der Straßenbrücke am Sportplatz soll ein Zeltplatz sein entnehme ich dem DKV-Führer. Das ist richtig, nach kurzer Zeit ist die Stoffhütte aufgebaut und sturmsicher vertäut. Es sieht nun bedrohlich nach Gewitter aus. Der Nachmittag wird zu einem Rundgang durch die über 20tsd Einwohner zählende Stadt genutzt. Patrizier- und Fachwerkhäuser in engen, winkeligen Gassen gibt es zu sehen und wir müssen noch was für den Abend einkaufen. Bevor das Gewitter mit Blitz und Donner seine Wassermassen über uns ausschüttet sitzen wir unter dem Überdach, das uns zuverlässig vor dem Regen schützt. „Morgen ist letzter Paddeltag, in Minden beschließen wir die Wesertour", sage ich. „Wie lange sind wir da unterwegs?" fragt Gunda. „Drei bis vier Stunden etwa", gebe ich zur Antwort. „Da können wir, wenn uns das Wetter keinen Strich durch die Rechnung macht, mittags dort sein und falls es trocken ist noch die Boote abbauen", meint Gunda während ein Regenschauer auf das Zeltdach prasselt. So hatte ich das auch geplant und am anderen Morgen ist es noch bewölkt, aber trocken. Hoffentlich bleibt das so denke ich. Fast trocken abgebaut sitzen wir bald in den beiden Einern und schaufeln uns vorwärts, vorbei an der Autofähre Vossen unter zwei Brücken hindurch in Richtung Minden. Das Wiehengebirge lenkt die Weser nach Nordosten und ständig ist auf die

Buhnenbauwerke zu achten, die in den Kurven eingebaut sind um die Fahrwassertiefe für die Schiffe zu gewährleisten. Die Weserscharte, Porta-Westfalica, ein enges Durchbruchstal zwischen Wiehen- und Wesergebirge mit Moltke-Turm und Kaiser-Wilhelm Denkmal 88 Meter hoch und weithin zu sehen, nicht nur aus der Bootsperspektive. Der Pegelturm Porta zeigt 195 an immer noch Mittelwasser, das höchste Hochwasser wurde hier mit sieben Meter im Jahre 1946 gemessen.

Die Straßenbrücke Minden dahinter zwischen Buhnen eine Pritsche des Kanuclubs, wo wir die Fahrt beenden. Die Gewitter sind weiter gezogen und die Sonne begrüßt uns hier freundlich. „Erst Mittag machen dann die Zerlege- und Abbauarbeit", schlage ich vor. Mehrmals muss ich zur Pritsche laufen bis alle Packsäcke auf dem Rasen liegen, anschließend tragen wir die Boote herauf. Gunda lässt den Kocher brummen und ist beim zaubern eines Nudelgerichtes, während ich beide Einer vollständig entlade damit sie schneller austrocknen. In der Zwischenzeit stelle ich das Zelt auf. Nachdem unsere knurrenden Mägen gestopft sind wird gemeinsam geräumt, geputzt und verpackt. Später ist genügend Zeit die zehn Minuten zum Bahnhof zu gehen. Die Abfahrtszeit der Zugverbindung nach Hannover ist zu erfragen und Fahrkarten mit Fahrradkarten bis Hann.-Münden werden gekauft. Fahrkarten für die Rückfahrt ab Münden haben wir noch von der Hinfahrt. Der Eilzug geht ab Minden nach Hannover um 7 Uhr 40. Das bedeutet, am Tag vorher auch unser Zelt abbauen und im Bootshaus übernachten um am Morgen rechtzeitig am Bahnsteig zu stehen. Das hat noch Zeit bis übermorgen. Wieder zurück, alles trocken und kann zerlegt und verpackt werden in den Taschen aus stabilem Gewebe. In die Spantentasche lege ich erst die drei großen, dann die kleineren Spanten, die Steven, Sitze, Rückenlehnen und weiterer Kleinkram dazwischen. Da steht manchmal ein staunender Zuschauer dabei und fragt neugierig. „Das soll alles in den drei Taschen verschwinden?" Gleiches gilt für Haut- und Gestängetasche. Heute ist Freitag als ich mit Gunda zum Stadtbesuch aufbreche. Minden hat über Achtzigtausend Einwohner, einen tausendjährigen Dom, das ist ein Monumentalbau mit vielen Kunstschätzen und einige alte Kirchen. In den engen Gassen reihen sich Bürgerhäuser und Fachwerk aus alter Zeit eng aneinander. Am Grundriss der Kernstadt lässt sich der Festungscharakter heute noch erkennen. Den Rückweg nehmen wir über die Mittellandkanal-Brücke, wo Frachtschiffe in vierzehn Meter Höhe in einem 400 Meter langen und 24 Meter breitem Wassertrog über die Weser fahren. Daneben ein Fußweg auf dem wir das andere Ufer erreichen. Rechts und links sind Abstiegsschleusen damit die Schiffe in der Weser in Richtung Bremen gelangen. Wer weiterschippert kommt über Elbe und Spree zur Havel in die Berliner Wasserstrassen. Wir schaffen es zu Fuß nur noch zum Bootshaus nach dem langen und anstrengenden Stadtrundgang. So endet der vorletzte Urlaubstag mit wolkenlosem Norddeutschem Himmel. Halt, es ist noch was zu tun nämlich abbauen und mit Luftmatratzen und Schlafsäcken in einen Nebenraum umziehen. Nur zeitig aufwachen muss ich, ohne Wecker oder Radio nur nach Gefühl, das geht wie immer auf unseren Faltbootreisen und pünktlich sitzen wir im Eilzug nach Hannover mit all dem Gepäck. Nach etwa einer Stunde suchen wir im großen Bahnhof nach dem richtigen Gleis zum D-Zug Hamburg nach Basel über Kassel, Fulda und Frankfurt, ohne Umsteigen bis Heidelberg. Auf Bahnsteig 8 zwischen Post- und Paketwagen wartend auf dem um zehn Minuten verspäteten Zug. Wir warten auf unseren Bootstaschen sitzend, ein Reisender will wissen was darin ist, ich sage ihm. „Wo Klepper draufsteht ist auch Klepper drin", und weiß bis heute nicht ob er das verstanden hat. Bald rollt der eiserne Bandwurm ratternd über Gleisanlagen und Weichen nach Süden. In Elze, Kreiensen, Northeim und Göttingen wird angehalten bevor Kassel erreicht ist. Nach dem umspannen der Lok beträgt die Verspätung nun eine halbe Stunde. Bebra, Fulda und Hanau sind die Stationen mit Halt und einiges an Verspätung wurde aufgeholt. Zeitweise ging die Strecke an der Leine entlang, später war die Fulda und dann die Hessische Kinzig vom Zugfenster aus zu sehen. Bei Hanau und Offenbach fährt der Express über den Main. Nach fast neun Stunden und nochmaligem Lokwechsel in Frankfurt erreicht der Zug mit zwanzig Minuten Verspätung Heidelberg. So stehen wir gegen siebzehn Uhr auf dem Bahnhofsvorplatz und schieben dann die Bootswagen über die Ernst-Walz-Brücke am Neckar entlang zum Bootshaus. Alles haben wir nun wieder nach Hause gebracht, nichts verloren oder kaputtgemacht und einen schönen Urlaub gehabt.

Auf dem Strome will ich fahren.
Von dem Glanze selig blind
Tausend Stimmen lockend schlagen
hoch Aurora flammend weht.
Fahre zu! Ich mag nicht fragen,
 wo die Fahrt zu Ende geht!

Joseph von Eichendorf

Winterschlaf des Faltbootes nach Ende der Paddelzeit.

Die Boote sind aufgebaut im Bootshaus nach Vorschrift mit dem Bug zum Ausgang gelagert und wir haben ein Brett oder aus Dachlatten ein Leiter zusammengenagelt darauf liegen die Falt-boote ohne durchzuhängen. Zuvor werden sie innen und außen sorgfältig gereinigt. Danach die Gummihäute gewachst und mit Talkum gepudert. Ist alles fertig wird es mit einem, aus altem Lei-nen zusammengenähten, Tuch abgedeckt damit es über Winter nicht einstaubt. Das Zubehör wird auch gereinigt und, soweit ich dies nicht mit nach Hause nehme, im Bootshaus in einem Schrank verstaut. Es muss nur bei einem großen Hochwasser ausgeräumt werden was wir nicht hoffen. Die anderen Winterarbeiten des Paddlers sind: Erlebnisse aufschreiben, Bilder sortieren und einkleben oder Diavorträge zusammenstellen und neue Fahrtenpläne für die nächsten Wochenend- oder Urlaubsfahrten planen. „Wo soll es hingehen im nächsten Jahr?" so fragen wir uns selbst oder werden gefragt. Nach der Faschingsfeier im Bootshaus befassen wir uns dann mit der Planung der nächsten Touren.

1963 Unter südlicher Sonne

Mit Faltbooten auf der Ardeché´

Die Vorbereitungen des im Juni geplanten Urlaubs beginnen frühzeitig. Vier Wochen auf der Ardeché im Süden Frankreichs sollen es sein. Die erste weite Urlaubsfahrt unserer Gruppe mit Faltbooten. Einzige Ausnahme ist Gerd, der war schon vor ein paar Jahren auf der Rhone bis zum Mittelmeer unterwegs und damit der mit Frankreich- Erfahrung. Wir sind drei Paare, mit Einerfaltbooten Klepper T9, Hilda und Kalle mit den Booten Kobold und Kiebitz, Lisa und Gerd paddeln in Zeus und Hera, Gunda und ich besitzen Xora und Tilikum. Vier Schiffe mit blauen Oberdecks und zwei, die von Gerd und Lisa mit rotem Deck. Das Ziel die über Tausend Meter hohen Cevennen mit ihren Hochflächen, bizarren Kalkformationen, Schluchten und Höhlen werden von vielen Wasserläufen durchzogen. Die uns bekannten sind Ardeché, Chassezac, Ceze und der Tarn. Zum Einsetzen wählen wir Vogue. Am Bahnhof Heidelberg muss der Beamte lange suchen, bis er im französischen Kursbuch, den von uns genannten Ort, findet. So erfahren wir frühzeitig, dass die Bahnfahrt nach Pont St. Esprit hin und zurück 104,40 kostet ohne Fahrradkarten und Zuschläge, die mit etwa zehn Mark noch dazukommen. In der Schweiz und Frankreich sind unsere Gepäckstücke Handgepäck. Die Fahrt beginnt nachts um elf und endet am nächsten Abend gegen neunzehn Uhr. Mit etwas über 800 Bahnkilometer sagt man uns am Schalter. Es sind noch einige Monate Zeit bis die Fahrt beginnt. Dank der

Erfahrungen von Gerd nehmen die Planungen Gestalt an. Noch ist Januar und nasskalt zwischen Odenwald und Rheintal und wir denken an die hoffentlich sonnigen und wasserreichen Tage, die uns im Mittelmeerklima der Cevennen erwarten.

Die Ardeché Quelle ist am lé Suchalias einem 1400 Meter hohen Berg im Forêt dominale de Mazan und mündet nach über 135 Kilometern bei Pt. St. Esprit in die Rhone. Die vielen Zuflüsse die sie dabei aufnimmt versprechen einen guten, mit beladenen Faltbooten machbaren, Wasserstand im Juni. Für die Teilnehmer gilt es nun rechtzeitig die Urlaubstage so abzustimmen, dass für drei Wochen Juni und eine Woche Juli geplant werden kann. Als das sicher ist, gehen die Planungen in die letzte Phase. Gerd ist dafür zuständig, Kalle für die Technik und das Angelzeug und ich für Fahrkarten und Transport, Hilda, Lisa und Gunda für die Verpflegung. „Das wird unsere letzte Tour mit der Bahn sein, im nächsten Jahr hat jeder von uns den Führerschein und Kalle und ich einen VW. Der Autobestand ist in diesem Jahr auf über 13 Millionen angestiegen (1950 waren es noch 2,4 Mill. auf deutschen Straßen) und wir sind damit beweglicher und können auf noch mehr Bächen paddeln", sage ich zu den anderen bei einer Vorbesprechung zur bevorstehenden Paddeltour. Der blaue DKV-Auslandsführer, 1960 mit Schreibmaschine als Manuskript gedruckt, beschreibt auf 250 Seiten im Format DIN A 5 fast 200 Flüsse in 18 europäischen Staaten. Die Ardeché füllt gerade mal anderthalb Seiten. Ich lese daraus: „rechter Nebenfluss der Rhone im Massiv Central, tief eingeschnittenes Tal mit 30 Km langem wildromantischen Canon. Beste Befahrenszeit April bis Juni. Einsatzpunkt Vogué (zu erreichen mit dem Zug oder Bus von lé Teil im Rhonetal). Zeltplatz ist am Eisenbahnviadukt." Soweit der Kanuführer. Gerd berichtet, dass es eine Carte Nautique des französischen Touringclubs gibt, diese will er beschaffen. Weiter lesen wir in einer Beschreibung des Flussgebietes, dass nach Gewittern und starken Regenfällen das Wasser schnell bis zu zehn Meter hoch steigt. Die normale Wasserführung beträgt im Sommer 9 –20 Kubikmeter die Sekunde und kann auf 2000 – 8000 Kubik ansteigen, das ist die dreifache Hochwassermenge des Rheins bei Basel. „Da müssen die Zelte und Boote in der Schlucht immer hoch genug stehen", sagen Lisa und Gunda. Dem stimmen wir zu. „Wir haben auf dem Bade- und Bummelfluss fast vier Wochen Zeit für knapp achtzig Kilometer", sagt Hilda. „Die schwierigsten Stellen der ganzen Ardeché sind kurz vor und hinter Balazuc und gleich hinter der Brücke bei Pradons", lese ich im Flussführer meint Kalle. Auf der ganzen Strecke sollen von neun Wehren drei fahrbar sein, so steht es im Flussführer. „Ja, ja man kann viel schreiben, wir lassen uns von den Tatsachen überraschen", antwortet Gerd unser alter Hase in Sachen paddeln.

Die erste Juniwoche und letzte Woche vor dem Urlaub, wir sind gerade zurück von einer Paddeltour mit dem Bad. Kanu-Verband auf der „Großen Lauter" (Schwäbische- Alb) und die Boote sind noch abgebaut und verpackt, was eine Menge Arbeit spart. Es sind nur die Dinge noch unterzubringen, die für die Urlaubsfahrt zusätzlich mitgenommen werden müssen. Vier Liter gereinigtes Benzin für den Kocher und Spiritus zum Vorheizen. Die Kajakfrauen besorgen die Verpflegung für die ersten Tage. Fotoapparate, Filme und die wasserdichten Taschen müssen mit und ausreichend Leinen und Kordel nicht vergessen um alles festzubinden. Vorher werden die Fahrkarten gekauft.

Pünktlich, Sonntagabend 23 Uhr 15 fährt der Fernschnellzug, vier Mark Zuschlag, aus dem Heidelberger Hauptbahnhof. Wir sitzen im Kurswagen nach Ventimiglia, das sind Hilda, Lisa und Gunda, unsere Paddelfrauen, Gerd (der erfahrene Paddler), Kalle unser Techniker und Angler und ich als Schreiber, mehr fällt mir nicht ein. Bis Lyon können wir sitzen bleiben, das Abteil gehört uns es ist nicht zu erkennen, dass es irgendwann belegt sein könnte. An der Tafel für Reservierungen ist nichts angezeigt. Die Nacht gleitet an den Fenstern vorbei, Lichter mal heller dann dunkler und in der Ferne erscheinen sie wie Blitze, wenn der Zug mit hundert Stundenkilometern durch die Nacht rumpelt. Basel, badischer Bahnhof,

zehn Minuten Aufenthalt. Der Morgen dämmert über dem Süd-
schwarzwald herauf. Zeit genug, die Boote aus dem Packwagen
ins Abteil zu schaffen und die Achtzehn Taschen zu verstauen.
Die Fahrradkarten gelten nur bis zur Grenze. In der Schweiz und
Frankreich ist alles Handgepäck, kann bis 50 Kilo schwer sein. Wir
sind Verpackungskünstler und schaffen es alles unterzubringen.
Der Express setzt sich wieder in Bewegung. Die Zöllner kommen:
„Grüzi miteinand habts was anzumelden?" fragen sie und sind
gleich weitergegangen. Kurzer Halt in Basel, ein Ruck geht durch
den Wagen, vermutlich Lokwechsel, draußen geschäftiges Treiben am Packwagen beim Umladen. Abpfiff und der Blechwurm
setzt sich wieder in Bewegung. Der Schienenstrang windet sich
aus der Stadt durch Industriegebiete vorbei an Wiesen und Feldern in Richtung Jura durch einen langen Tunnel nach Olten. In
den Aargau geht die schnelle Fahrt. Bern mit Halt, im Hintergrund
die Viertausender mit Schneehauben. Zwischen Lausanne und
Genf leuchtet der große blaue Genfer See in der Sonne, im mittäglichen Dunst die französischen Alpen. Viele Stunden Fahrt liegen
noch vor uns und die Grenzkontrolle gleich hinter uns. Die E-Lok
wird mal wieder gewechselt, bevor der Zug an der oberen Rhone
entlang rollt. Nach Seyssel verlässt er diese und fährt durch das
Departement Ain über Amberieu nach Westen.
Gegen Mittag stehen wir, zunächst mal ratlos, zwischen den fast
zwanzig Gepäckstücken auf einem Bahnsteig des Gare Est in der
Großstadt Lyon. Wir zurren unser Gepäck auf den Bootswagen
fest während Gerd mit Wörterbuch ausgerüstet am Fahrplan den
Anschlusszug nach Nimes ausfindig macht. Zwanzig Minuten blei-
ben uns auf den Peron zu marschieren, wo der Zug bereit steht.
Die Frauen besetzen ein Abteil und wir reichen durch Fenster und
Türen die vielen Packstücke nach, „das kann zur Arbeit ausarten"
meint Kalle. Die vorletzte Etappe beginnt und noch mehr als zwei-
hundert Kilometer zur Ardeché. Endlos rattern die Wagen über
Gleise und Weichen zwischen den Häuserschluchten der 500 Tsd.
Einwohnerstadt. Hinterhöfe mit Leinen voller Wäsche, die lustig

im Wind flattert, Straßenschluchten mit vielen Autos, Lagerhäuser überragt von Krananlagen, die den nahen Fluss Rhone ahnen lassen. Die Fahrt wird merklich schneller und nach Überquerung von Saone und Rhone bleibt auch das südliche Hafengebiet bald hinter uns im Dunst zurück. Die Bahnstrecke verläuft am rechten Rhoneufer, manchmal sehen wir den Fluss, der Train hält nur an größeren Städten. Die Zeit rennt, der Zug auch Dörfer, Brücken, Berge rechts und links der hier bis zu vierhundert Meter breiten Rhone fliegen an den Abteilfenstern vorbei. Vienne, Serrieres, Tournon, Valance und lé Ponzin sind Haltstationen bevor gegen 17 Uhr lé Teil erreicht ist. Schnell aussteigen und die Boote und Gepäck raus. Der Zugschaffner hat keine Eile lässt uns alles ausräumen, bevor er dem Lokführer das Zeichen zur Abfahrt gibt. Der letzte Wagen entschwindet unseren Blicken in südlicher Richtung. Der freundliche Stationsvorsteher leitet uns im Gänsemarsch über die Gleise zum Triebwagen nach Aubenas. Nachlösen ist im Zug beim Schaffner möglich und kostet 2,70 ffrs. die Person. Die Boote bleiben auf den Wägelchen im Gepäckabteil. Im Bahnhofskiosk kaufen die Frauen für das erst französische Geld Getränke ein. Sie bringen gelbes und rotes Limo mit, sehr süß stellen wir fest. Der Schienenbus setzt sich brummend mit seinem Diesel in Bewegung. Auf den knapp dreißig Kilometern müssen 300 Höhenmeter viele Kurven und Tunnel durchfahren werden und Halt ist an jeder Ecke. Was sich auf die Fahrzeit auswirkt und daher dauert es über eine Stunde bis Vogue erreicht wird. Ausladen auf den geschotterten Bahnsteig, wenn man ihn als solchen bezeichnen kann. Fünfzehnhundert Meter über die Brücke des L'Auzon, ein kleiner Zufluss zur Ardeché.

Nach weitern zehn Minuten der Eingang zum „Camping Municipal Vogue" eine buckelige Wiese mit üblichem Stehklo, Wasserhahn und Außendusche an rostigem Rohr. Der Eingang mit etwa zwei Meter Durchlass und Steinmauer. Einheimische Gäste mit Autos und kleinen blauen Hauszelten bevölkern den Platz. Kinder spielen lärmend Fußball. In dreißig Meter Entfernung rauscht die

Ardeché` über Kiesbänke. Verdeckt durch Gebüsch aber nicht zu überhören. „Wir stellen die Zelte auf, dann könnt ihr euch das Wasser ansehen", sagt Lisa. Es ist zwanzig Uhr und gleich ist die Sonne hinter den Bergen abgetaucht. Nach über zwanzig Stunden Bahnfahrt und einer Stunde Lageraufbau fallen alle müde in die Schlafsäcke während die Franzosen noch bei ihrem Siebengänge Menue sitzen. Der erste Tag beginnt mit Sonne und weißen Wölkchen. Nach dem Frühstück gehen die Frauen einkaufen und Kalle, Gerd und ich bauen die Einer auf bevor die Sonne senkrecht am Junihimmel steht. Leitern, Spanten und Stäbe zusammenstecken, in die Bootshäute schieben um Stabilität zu bekommen. Gunda hat Baguette, Käse, Tomaten und Vin Rouge eingekauft. Am Mittag gehen vier in das Örtchen, das sich an die Kalksteinfelsen schmiegt. Das Bahnviadukt und die vier runden Türme, des im provenzialischen Baustil erbauten Schlosses bestimmen das Tal. Kahle Hänge wechseln sich ab mit niederen Büschen, Bäumen, Olivenhainen und Weinbergen. Kalle und ich sitzen am Fluss und sehen silberne Fische in Ufernähe über die Kiesel flitzen. Kalle hat Angelzeug mit und sagt zu mir: „In Vallon hole ich mir eine Angelkarte und probier was für unsere Pfannen zu angeln." Die Einkäufer kommen mit vollen Taschen zurück. Morgen ist die halbe Woche um, das bedeutet Lager abbrechen und Paddeln auf dem uns noch unbekanntem Gewässer.

Der Wasserstand zeigt sich von der besten Seite, leicht zu erkennen am Uferbewuchs. Wasserbehälter füllen und Zeltplatz gründlich absuchen damit nichts zurückbleibt. Es war keiner da zum kassieren, zwei Tage Nulltarif. Zwei Kilometer in den Booten da rauscht es vorab. „Das Wehr von Lanas, rechts ist der Ort und hinten die Brücke", klärt uns Gerd auf. Kalle, der Techniker, paddelt vor und bedeutet uns mit Handzeichen halblinks fahrbar und entschwindet im Unterwasser. Der Wink mit dem Paddel deutet die Durchfahrt an. Hilda, Gunda und Lisa folgen, Gerd und ich machen den Schluss. Das Wehr ist halb verfallen, keine Mühle mehr zu erkennen, wahrscheinlich vom Hochwasser weg-

geschwemmt. Nach Einmündung des L'Auzon Straßenbrücke mit leichtem Schwall. Kalle ist zuerst durch und es erweist sich alles leichter als in der Flusskarte angegeben. Bei diesem Wasserstand geht es ohne Grundberührung. Das Tal wird enger, Kalkfelsen bis nahe ans Ufer, rechts Wald und ein Fußweg. An steiler Felswand Balazuc, der kleine Ort sieht aus wie hingeklebt. „Nach der Brücke rechts legen wir eine Pause ein", sagt Gerd, er will ins Ort um in den engen Gassen zu fotografieren. An einer Kiesbank drehen wir bei um gegen den Strom anzulegen. Nichts zum Baden stellen Gunda und Lisa gleich fest es ist viel zu flach an dieser Stelle. „Von den schwersten Stellen vor und hinter Balazuc, wo wir uns gerade befinden war wenig zu bemerken, hängt bestimmt vom jeweiligen Wasserstand ab" bemerkt Kalle und hat damit recht. „Viel zu flach um zu schwimmen", hören wir von Lisa der jüngsten, kleinsten und frechsten Mitpaddlerin. Gerd und Kalle machen sich auf den Weg. Gerd wegen der Fotos, Kalle wegen Vin Rouge, Baguette und Fromage. So genießen wir die längere Pause unter schattigen Uferbäumen. Die Grillen zirpen und Heuhupfer machen große Sätze um uns. Ameisen laufen geschäftig ihre Straßen entlang und irgendwo hört man Steine von der Felswand bröckeln, „da sind bestimmt Ziegen unterwegs", sagt Gunda. „Ist gut möglich, die Bauern lassen ihre Ziegen frei rumlaufen", erwidert Hilda. „Das dauert bis die beiden zurück sind", flötet Lisa. Stimmen und Zweige brechen sind zu hören. Da sind sie mit Einkauf und hoffentlich guten Fotos, wird sich im Winter zeigen, wenn Gerd Dias vorführt. Es paddelt sich leicht in heller Sonne und man muss sich was anziehen um keinen Sonnenbrand zu bekommen. Auf dem Wasser ist es erträglich durch die Verdunstung welche die Oberfläche überzieht.
Richtige Urlaubsstimmung kommt auf bei der einmaligen Landschaft. Nach großer Rechtskurve hoch über uns eine Brücke und rechts und links über 100 Meter hohe steile Kalkfelswände und in der Außenkurve eine große Kies- und Geröllbank. Gerd mit Adlerauge und Spürsinn legt im Kehrwasser elegant an und steigt die Grasböschung hoch. Kalle hat gleiches im Sinn und folgt

Anlegen am Garten Eden (Ardechè)

ihm. Gunda, Lisa, Hilda und ich sitzen in den Booten und warten erst mal ab. „Hinter der Kiesbank ist die Wassertiefe ausreichend und ein schöner Badeplatz von keiner Stelle einsehbar, da weder Straße noch Wege in Flussnähe sind ", hat Lisa richtig erkannt. „Da sind Badesachen überflüssig ", bemerkt Gunda und nimmt ihr Oberteil gleich ab. Da ruft Kalle von oben aus etwa zehn Meter Entfernung so laut, dass es von der Felswand wiederhallt: „alle aussteigen, Endstation für die nächsten Tage, ein toller Platz." „Befehl ist Befehl", höre ich von Hilda, die kennt ihren Kalle. Die Kajakfrauen springen auf das Ufer und plantschen ganz ohne im kühlen Nass herum. Wir mühen uns ab die Ausrüstung an Land und auf die höhergelegene Wiese zu tragen. Der Platz ist etwas unwirtlich, aber eben, einige Äste, Brennnessel, Disteln und hohes Gras muss beiseite geräumt werden um die drei Zelte zu stellen. Auch schattige Stellen gibt es wenig, Bäume und Sträucher sind nicht hoch und die Zelte stehen genau mit der Vorderseite nach Süden mit Blick auf Kiesbank und den schnell strömenden Fluss. Vor Westwinden stehen wir geschützt durch die über hundert Meter hohen Felswände. Anderntags stellen Kalle und Gerd nach einem Erkundungsgang in die nähere Umgebung fest. „Der Platz ist einmalig hier und ich hab´ einen Namen dafür Garten Eden ", sagt Gerd und Kalle stimmt ihm zu. Ringsum Kastanien-, Oliven- und Maulbeerbäume, auf den Höhen blüht der Lavendel und an den Kalkhängen Weinberge. Auf mageren Böden grasen Schafe und Ziegen. Das Wetter bleibt schön, kaum ein Wölkchen am Himmel und es gilt sich vor der sengenden Mittagsonne zu schützen. Die Temperatur kann nur geschätzt werden, so etwa um die 30 Grad, wir führen weder Thermometer noch Barometer oder Kompass mit, Radio auch nicht und seit Tagen vermissen wir auch die Zeitung nicht. Wäre alles zusätzlicher Ballast und ist noch zu transportieren. In der Hitze wird das Wasser täglich weniger. Hilda, Gunda und Gerd machen sich auf den Weg nach Pradons zum Einkauf. Kalle versucht vergeblich sein Glück mit der Angel um endlich einen Fisch an Land zu ziehen. Der Köder abgefressen, die schönen Fische nicht zu fassen. „Im Flussführer steht was vom gewaltigen Fischreichtum", sage ich zu Kalle. „Irgendwas mach ich halt falsch", gibt Kalle zurück. „Wenn du den ersten Fisch fängst gebe ich einen Vin Rouge aus", versuche ich Kalles Angelkünste zu beflügeln. Wir müssen nicht hungern, weil die Kajakfrauen gerne einkaufen gehen, aber manchmal das Wörterbuch vergessen und dennoch hoch bepackt zurückkommen. „Mit Händen, Füßen und Faxen haben wir übersetzt", berichtet Lisa. „Das Einkaufen ist immer lustig, verirren sich doch kaum Urlauber hierher", ergänzt Hilda. Drei Tage reichen für den „Garten Eden" der wird uns lange in Erinnerung bleiben. Am vierten Tag packen wir zusammen um die Defilé (Schlucht) zu verlassen.

Wie immer auf unseren Fahrten bleiben keinerlei Spuren außer zertretenem Gras, das sich in wenigen Tagen wieder aufrichtet, zurück. Die Schlucht endet bei Ruoms. Das Wehr ist laut Plan weitläufig über die Brücke zu umtragen einige hundert Meter weit. So paddelt Kalle vorsichtig am rechten Ufer an das Bauwerk heran und stellt fest, es läuft wenig Wasser über die Wehrkrone. So kann Boot nach Boot übergehoben werden mit Tragegurten, das dauert. Während Gerd und Lisa, Hilda, Gunda und ich noch mit dem Umsetzen beschäftigt sind kauderwelscht Kalle am anderen Ufer mit einem älteren Einheimischen. So erfahren wir, nachdem alle wieder in den Booten sitzen, dass das Wehr einer Brauerei Fritz Lauer gehört. Die braut aber kein Bier mehr. Der Ort etwas mehr als tausend Einwohner zählt und immer vendredi (Freitag) Markttag ist. So berichtet Kalle: „der Mann kann etwas deutsch war mal Kriegsgefangener in Rastatt." Das Tal weitet sich, weites Flussbett mit Kiesbänken in glühender Mittagssonne. Zwei Flüsse, Beaume und Chassezac bringen etwas Wasserzuschuss aus den Bergen. Sechs Wehre erwarten uns auf dem Weg nach Vallon. Das erste vor der Mündung des Beaume glatt ohne Grundberührung fahrbar. Das nächste verfallen und rechts ohne Schwierigkeiten zu passieren. Ein drittes mit fast senkrechter Wehrmauer, rechts einfach auf kurzem Weg umzutragen. Dieser Teil Ardeché ist, außer dem Blick auf die Berge, nicht so beeindruckend. Das nächste Hindernis die Ölmühle, Wehr mit nachfolgender niederer Steinbrücke -wäre fahrbar-, wenn dahinter nicht die unfahrbare Feldwegbrücke wäre. Rechts umtragen und Mittagspause machen. Anschließend machen Gerd und Lisa, Gunda und ich einen Fußmarsch auf den 380 Meter hohen Sampzon, der Ort ist kaum mehr bewohnt liegt wie verlassen in der mittäglichen Gluthitze. Vom Gipfel, wo einige Antennenmasten in den Himmel ragen, ist ein schöner Rundblick in die Täler von Ardeché und Chassezac möglich, der heute leider durch Dunst beeinträchtigt ist. „Das hat aber lange gedauert", sagt Kalle als wir nach einer Stunde zurück sind. Wieder auf dem Wasser, noch fast fünf Kilometer und drei Wehre zu überwinden, fast keine Strömung, zweimal rechts und eins links umtragen, was uns zwei Stunden beschäftigt.

Die Sonne steht schon tief als die Zelte auf dem Camping Municipal aufgebaut sind. Es sind Terrassen, wahrscheinlich frühere Weinberge, auf dem rechten Ufer, wo unter jungen Bäumen schon früh die Sonne brennt. Hier ist mehr Betrieb, einige Boote liegen auf der Wiese dahinter vier Zelte, sieht so deutsch aus was wir später bestätigt bekommen. Es sind Stuttgarter und Münchner Paddler. Der Stuttgarter erzählt: „vor einer Woche waren in der Gegend Unwetter mit Gewitter und Hagel, was zu dem heute noch guten Wasserstand beiträgt." Vallon Pt. Arc ist Mittelpunkt-Ort mit Markt, Banken und Hotels umgeben von Weinbergen, Äckern und Wäldern. Hier beginnt die Schlucht „Canon de l' Ardeché wie Rittlinger schreibt: Der geheimnisvolle Fluss, diese Klammen sind so unwegsam, dass man überhaupt nur auf dem Wasserwege eindringen kann. Womit er nicht ganz recht hat, es gibt die Möglichkeit, wenn öfter mal die Seite gewechselt wird zu Fuß die Schlucht zu durchwandern bei sommerlichem Niedrigwasser oder im Herbst. Die Tage in Vallon sind Ausflugs- Wander- und Einkaufstage für uns. So ein Ziel ist die alte Festung, eine halbe Stunde zu Fuß an den Osthang des Plateaus unweit vom Tal des Ibie, einem linken und oft ausgetrockneten Ardeché Zufluss. Oder

Salavas, ein kleiner alter Ort mit Burgruine einigen Steinhäusern Gaststätte und Tankstelle ist zehn Minuten Fußweg. In Vallon mittendrin ein großer Platz mit dem Hotel de Ville, dem Rathaus, einigen Geschäften, Banken und Gaststätten. Einkaufen und Geld umtauschen machen wir am Tag vor der Einfahrt in die Schlucht. Drei Tage in Vallon sind mehr als genug es zieht uns in die noch unbekannte Schlucht.

Vorräte einkaufen ist Sache der Frauen, das Packen weitgehend unsere Angelegenheit, paddeln und steuern muss jeder selbst. Kleinere Schwälle vor dem sechzig Meter Felsentor Pont d' Arc werden spielend überwunden ohne Grundberührung und Schrammen. In der Innenkurve hinter dem Felsentor eine große Geröllbank um anzulegen zum fotografieren. Umliegende teilweise bewaldete Berge erheben sich auf über 400 Meter. In Chame ist die Straße zu Ende – vorläufig, hier soll weitergebaut werden nahe den Schluchträndern um den Touristen Einblicke in den Canon zu geben. Trampelpfade, Maultierwege, Ziegenpfade und Furten sind neben dem Wasserweg die einzige Möglichkeit im Tal nach Sauce zu gelangen. Die Flussschleife um einen Felsenbuckel (173 m), der Pas de Mousse ist unser Ziel und Gerd entsteigt dem Boot um auf dem einige Meter höher gelegenen Plateau einen Besuch abzustatten auf der Suche nach einer Möglichkeit ein paar Tage zu bleiben.

Ganz hinten im Eck der Kurve liegt ein grüner Canadier und versteckt ein kleines Zelt, berichtet er uns. Später bestätigt sich, dass es die Münchener sind denen wir in Vallon begegnet sind. Wir bleiben hier der Platz ist auf den ersten Blick gut. Allerdings der Aus- und Einstieg nicht so wie wir es bisher gewohnt waren. Eine schöne Badestelle sagen die Kajakfrauen, gegenüber ist eine riesige Kiesbank und nach hundert Metern ein kräftiger Schwall. Auch Kalle und Hilda gefällt die grüne Wiese zwischen Wald und Felswänden. Nun das Lager einrichten, erst Gepäckstücke hochtragen dann die sechs Einer mit den Gurten nacheinander auf das sichere Plateau bringen. „Einige Tage lässt es sich hier aushalten und durch hohe Bäume auch zeitweise Schatten um vor der größten Hitze geschützt zu sein ", sage ich. „Sehe ich auch so", antwortet Gunda. Gerd bindet sein Boot unten an einem Baum fest, er will später, die in der Karte eingezeichnete Quelle suchen. „Die Verpflegung, außer Brot, ist für fünf Tage ausreichend", sagt Hilda zu Kalle. „Und wenn du einen Fisch oder mehrere an Land ziehst können wir noch länger bleiben", sagt Lisa mit spöttischem Blick. Es bliebe noch die Möglichkeit auf einem etwa fünf Kilometer langen Pfad (Sentier) nach Salavas zu laufen. Hin und zurück mit Einkauf mindestens drei Stunden bei 30 Grad im Schatten durch Machia, Pinien, Stecheichen und Trockensträucher. Kalle hat in Vallon bei der Präfektur eine Angelkarte zu 9 ffrs bekommen. Damit kann er zehn Tage in der Schlucht angeln. Er will seine erfolglosen Versuche fortsetzen. Mein Angebot eine Flasche Wein für den ersten Fang halte ich aufrecht. Gerd kommt mit prall gefüllten Wassersäcken von der Quellesuche zurück. An der etwas steilen Ausstiegsstelle helfe ich die 10 Liter Gummisäcke herauf zu tragen. Die Boote legen wir so damit sie nicht vom Wasser aus sichtbar sind. Gerd berichtet: „Die Zelte kann man erst von weit unterhalb erkennen, wenn man schon fast um die Kurve gepaddelt ist." So hoffen wir einige Tage im Talkessel ungestört zu sein. Abends, wenn die Sonne verschwunden ist strahlen die umliegenden Felsen die Wärme wie ein Backofen ab und es dauert bis es etwas kühler wird zwischen Trockensträuchern, Machia und Olivenbäumen. Kalle schwingt unermüdlich die Angel, wirft im hohen Bogen weit hinaus, doch kein Fisch verspürt Hunger um anzubeißen. Ein leichter Luftzug lässt Hundegebell bis zu uns dringen welches vom nur fünfhundert Meter Luftlinie entfernten Ort Chame kommen könnte. Die Tage sind ausgefüllt mit Baden ohne, Ballspielen und erkunden der Umgebung. Kalle und Lisa paddeln unter Führung von Gerd zur einigen hundert Meter flußab gelegenen Grotte du Columbier. Kalle ist nur dabei, weil die Endung des Namens der Höhle „bier" ist. Jeder hat eine Taschenlampe mit. Nach langer Zeit sind sie zurück und berichten: schlecht anzulegen und beschwerliches aussteigen, dunkel, nass, feucht und kalt in den engen Kriechgängen und nach einigen Metern haben wir den Rückzug angetreten, was nicht so einfach war da man teilweise rückwärts kriechen musste. Die Höhle ist bekannt aber nicht erschlossen und noch nicht genau erforscht. Von Höhlenzeichnungen keine Spur. Danach sind wir erst mal in den Bach gesprungen um den Lehm abzuwaschen. Den Schwall hat Kalle versucht aufwärts zu paddeln, leider vergeblich, es musste am linken Ufer umgetragen werden. Von der Stelle ist unser Lager nicht zu sehen, das der Münchener Paddler im Eck hinten auch nicht. Das sind die Nachrichten der Höhlenforscher. Heute sind Faltbootfahrer und einige Franzosen mit Canadiern vorbeigekommen. Kalle ist mit der Angel unterwegs auf der Suche nach einem besseren Fischgrund. Am dritten Tag, endlich zappelt ein großer silberner Fisch am Haken. „Bis der ausgenommen und gebraten ist bleiben nur zwei Bissen für jeden", hören wir von Lisa. „Den Vin Rouge trinken wir gemeinsam", sagt Kalle. „Baguette ist noch genügend da", kommt aus dem Hintergrund die Stimme von Hilda. Kalle angelt weiter, doch kein Biss mehr, die Fische wissen es fehlt einer und beißen nicht mehr, das war's dann für heute. „Fischreste nachher tief genug vergraben, damit kein Viehzeug dran kommt" rät uns Gerd. Ein sonniger Urlaubstag geht zu ende, letzte Sonnenstrahlen färben die Felsen goldgelb, Grillen zirpen, Mückenschwärme tanzen über dem Wasser und Schwalben ziehen ihre Kreise, wir riechen intensiv nach Mückenmittel und wenn es uns nichts nützt dann wenigsten dem Apotheker im fernen Heidelberg. Wenn der uns sehen würde wie wir nackt hier rumsitzen. Es endet der vierte Tag zwischen Bois Bouchas und Bois de Saleyron, so werden die Waldgebiete rechts und links der Schlucht genannt.

Morgen, ich glaube es ist der Mittwoch in der dritten Urlaubswoche, ist weiterpaddeln angesagt bis la Madeleine hat Gerd vorgeschlagen. Unterwegs auf dem rechten Ufer zwei Zeltplätze. Alles im Plan, wie Gerd immer betont, um zehn Uhr in den Kähnen

Blick ins Tal der Ardechè

bei strahlend blauem Himmel und eitel Sonnenschein. „Richtiges Ardeché Wetter ", meint Gunda und stößt sich das Paddel schwingend vom Ufer ab. Der Schwall nach der Kiesbank beschert uns gleich einige Wasserspritzer auf nackter Haut, da keiner die Spritzdecke geschlossen hat. Macht nichts es trocknet schnell ab. „Vor der nächsten Rechtskurve Spritzdecken schließen", bedeutet uns Kalle. „Und rechts Innenkurve paddeln, da ist links der la Dent Noire, der schwarze Zahn mit Fels und Prallhang ", ergänzt Gerd Kalles Ausführungen. „Nun wisst ihr Bescheid ", flötet Lisa aus ihrem roten Klepper Einer hinter uns her. Es rauscht gewaltig und Wasser spritzt in die Höhe, Kalle fährt rechts zwischen Stromzug und Kehrwasser und wir folgen wie an einer Perlenschnur hinterher ohne einen Spritzer abzubekommen. Ich habe nicht mal die Spritzdecke geschlossen. Nun steil abfallende Felswände, links eine Sandbank und dahinter von Bäumen und Büschen verdeckt ein alter halbverfallener Gutshof, einem Schloss ähnlich, in der Karte steht der Name Gaud. Etwas unterhalb rechts nach kleinem Schwall eine weite flache Kiesbank und viele „Nackte" sitzen, baden und spielen hier. Ein Netz für Ballspiele, eine Kinderschaukel und ein Sandkasten finden wir vor als wir uns bemühen im ersten Kehrwasser auszusteigen. Wir fallen nicht auf hier, da wir auch mit der Kleidung sparen. „Das ist doch der FKK-Platz La Chataigneraie des Georges Boudou, hinter den Büschen sind Zelte", weiß Gerd. „Der Platz ist nur über einen Ziegenpfad vom Plateau zu erreichen und das Gepäck wird mit einer Materialseilbahn befördert", antwortet Kalle. Die wissen wieder mehr als ich, stelle ich fest und steige aus dem Boot. Am Strand sind nur deutsche Laute zu hören und so ist zu erfahren, dass oben am Platz bei der Materialbahn ein Kiosk ist. Zwei bleiben mal wieder bei den Booten an einem schattigen Eck unter Büschen am rauschenden Wasser während die anderen versuchen etwas einzukaufen. Die Zeit ist mit Baden und Rast bestens genutzt. Pain, Fromage, Tomaten, Vin Rouge und mehr schleppen sie an und nach ausgiebiger Schlemmerei zieht unsere Karawane weiter unter südlicher

Sonne. Bis heute hatten wir weder Gewitter noch Regen und das Wasser wird täglich dünner und wärmer. Paddeln anstrengender, baden und schwimmen angenehmer, eine richtige „Sonnenfahrt" meinen die Paddelfrauen.

In zügiger Fahrt gleiten die schlanken Boote in die Enge des „Mas de Serret", wo am rechten Ufer ein Freizeitlager der französischen Jugend ist, welches auch von der über 300 Meter aufsteigenden Hochfläche durch einen Aufzug versorgt wird. Was dann folgt ist das bei Bootfahrern gefürchtete „Hackmesser" eine etwas unterspülte und mit scharfkantigen Felsen gespickte Ecke, wo noch der direkte Stromzug hinzieht. Eine typische Kenterstelle für Anfänger und Unvorsichtige. Kalle fährt voraus und macht uns vor genau zwischen Stromzug und Gegenströmung zu bleiben. Ich bedeute den anderen etwas zu warten und paddle mit Schwung ins Kehrwasser, schnell den Foto aus seiner wasserdichten Verpackung, die Mitpaddler einwinken macht Kalle, damit ich einige Fotos schießen kann. Noch zwei kleinere Schwälle, die auch die Damen gut meistern, der Platz „la Madeleine" unweit der „Cathedrale" hat Gerd als nächsten und letzten Platz in der großartigen Cevennen Schlucht als Standort auserkoren.

Die hohen Kalkfelswände strahlen die Tageshitze zurück was uns herausfordert ein Bad im Fluss zu nehmen, nachdem die sechs Einer sicher auf einer großen Felsplatte liegen. Badezeugs können wir sparen, das ist der FKK-Platz des Monsieur Jouve, dem der Grund mitsamt der Höhle: „Grotte de la Madeleine" gehört. Das Auto muss oben bleiben, Ausrüstung kommt per Aufzug nach unten, in Flussnähe und hochwasserfrei stehen die wenigen Zelte auf einem Plateau etwa zehn bis zwölf Meter über dem derzeitigen Wasserspiegel. Nach dem ausgiebigen Schwimmen schleppen wir alle unsere Habe hoch. Der freundliche Leòn hat uns auf seinem urwüchsig-wilden und paradiesischen Gelände einen gerade für drei Zelte ausreichenden Rasenplatz zwischen Machia und verkrüppelten Kiefern angewiesen, die morgens und abends etwas Schatten spenden. Beim höchsten Sonnenstand brennt der Planet gnadenlos auf uns herab. Felsen und Sand strahlen zurück, dass wir nur mit Paddelsandalen laufen können. Da hilft nur noch die Flucht in die etwas kühleren Ardeché-Fluten. Zweieinhalb Wochen unterwegs, etwas mehr als eine Woche bleibt noch. Gerd will unbedingt zur Tropfsteinhöhle Aven Marzal, etwa vier Kilometer in Richtung Bidon, ein kleiner Ort mit einigen Steinhäusern, wandern. Hilda und Kalle sind bei den tropischen Temperaturen nicht sehr begeistert und ziehen es vor am Platz im Schatten zu bleiben.

Lisa, Gunda, Gerd als Anführer und ich wagen uns auf den Weg. Der Pfad auf das Plateau geht durch die Grotte la Madeleine über Strickleitern, in Felsen eingehauene Tritte, durch Kriechgänge mit dunklen Ecken mühselig nach oben auf die über 200 Meter höher liegende Hochebene. Der Weg ist befestigt und geschottert, entsprechend staubig, immer in der Sonne. Die niederen Sträucher ab und an von einem Lavendelfeld unterbrochen, Steinwälle grenzen die Parzellen ab. Einmal überholt uns eine 2 CV Ente um unseren Blicken in einer Staubwolke zu verschwinden. Die Sonne steht noch nicht so hoch und über die Höhe fächelt ein angenehm kühler Wind. Der Höhleneingang ist ein Steinhaus mit Kasse, Entré 2 ffrs, das ist uns die Besichtigung wert. Viele Stufen geht es abwärts, die Temperatur beträgt immer 14 Grad erfahren wir beiläufig, obwohl der Führer, blaue Kappe mit weißer Schrift „Guide", nur französisch spricht. Es tropft von Wänden und Decken, Jahrtausende alte Stalagmiten und Stalagtiden befinden sich rechts und links der Absperrungen und alles ist hell erleuchtet. Durch das Licht und die hohe Luftfeuchtigkeit haben sich an vielen Stellen Moose und Flechten angesiedelt. Der Salle de la Pomme ist ein großer saalartiger und farbenprächtiger Höhlenteil. Im noch etwas größeren Salle des Diamants glitzern die Kristalle im Licht wie funkelnde Edelsteine. Wieder an der Oberfläche muss sich das Auge langsam an das gleißende Sonnenlicht gewöhnen. „In der Nähe sollen Dolmen und Menhire sein, etwas Abseits von Bidon, wollen wir danach suchen", fragt uns Gerd vorsichtig. „Nach einiger Zeit im Schatten des Gebäudes gehen wir die Dinger suchen", schlägt Gunda vor. „Das ist eine gute Idee und die nutzen wir zur Pause, Getränk hat das Ständchen hier und was zum knabbern haben wir in den Rucksäcken ", schlage ich vor. „Was sind denn Dolmen?" will Gunda neugierig von Gerd erfahren. Der gibt gerne Auskunft und klärt uns auf: „Während Menhire aufrecht stehende grob behauene Steine kultischen Zwecken dienten, sind Dolmen Steingräber in Form eines Tisches, bestehend aus einem Deck- und vier Tragsteinen. Beide Namen stammen aus dem Keltischen und gehören zur Megalithen-Kultur, eine Kulturgruppe der Jung-steinzeit (etwa 3000 – 2000 v. Chr.). Dieser Kult ging ursprünglich von Mesopotamien dem heutigen Irak und Iran aus und verbreitete sich über Nordafrika, der Pyrenäenhalbinsel entlang der Atlantik-küste bis nach Nordirland." „So genau wollten wir das nicht wissen, aber ganz interessant ", sagt Gunda und trinkt weiter das grüne Zeugs aus der Flasche. Wir machen uns auf in der Mittagshitze Dolmen zu suchen und finden am Wegrand ein stark verwittertes Holzschild, der Hinweis Dolmen ist nur mit Mühe zu lesen. Nach wenigen, fünfzig oder mehr, Metern zwei Trag- und ein Deckstein, klein und verwittert ohne jeden weiteren Hinweis. So machen wir uns mehr oder weniger enttäuscht auf den Rückweg durch den Bois Malbosc mit niederen Büschen, Föhren, vereinzelten alten Korkeichen, dazwischen weite Lavendelfelder abgegrenzt durch endlose, locker aufgesetzte Steinmauern. Abstieg durch die Höhle mühsamer als der Aufstieg, es dauert bis sich die Augen an die Dunkelheit gewöhnt haben, der erste Weg zur Badebucht, wo sich viele Nackte tummeln.

Hilda und Kalle wollen genau wissen wie es war, zunächst nur die allgemeine Antwort: „drückend heiß auf der Hochfläche, Sonne satt und kein Schatten", war die übereinstimmende Antwort. „Da haben wir nicht viel versäumt", meint Kalle. „Einen Dolmen ha-ben wir entdeckt", sagt Lisa. „Der Beginn von Straßenbauarbeiten entlang dem Schluchtrand ist zu erkennen und in einigen Jahren wird eine Touristenstrasse mit Aussichtspunkten entlang führen, dann ist es hier nicht mehr so abgeschieden, das wird Rummel geben bei zunehmender Motorisierung", sage ich am Abend bei der Diskussion ob so ein Urlaub in den nächsten Jahren noch mal möglich wäre. „Wahrscheinlich nicht, denn wir wollen in Zukunft auch mit Autos in Urlaub fahren", stellt Kalle fest. So schwindet die Zeit der Urlaubstage dahin, jeder Tag unter südlicher Sonne, als Kühlschrank dient ein Alutopf mit einem nassen Lappen drauf, der immer feucht gehalten wird zur Verdunstungs-Kühlung. Wein und Getränke im Netz hängen im lauwarmen Ardechéwasser um wenigsten etwas abzukühlen.

Am ersten Tag der vierten Woche verlassen wir den schönen Platz um die letzten Kilometer aus der Schlucht zu paddeln. Ein Blick noch zur hoch aufragenden Felsnadel, der Cathedrale einem Höhepunkt der unteren Schlucht, einige Kurven mit schönen Badestellen an Sand- und Kiesbänken, die zu Schwimmeinlagen genutzt werden und dann kommt schon Aigueze, ein altes, fast unbewohntes Felsennest in Sicht. Nach der schmalen Hängebrücke und dem fast verfallenen Wehr bei St. Martin sucht und findet Kalle einen einsamen Platz auf einer Kiesbank. Der ist in Sichtweite der beiden Ortschaften und wer will kann die zwei bis dreitausend Meter dahin laufen. Weder Baum noch Strauch auf der, von Kalle gewählten Kiesbank, vor der Sonne schützen uns nur die Überdächer, da wir im weiten Rhonetal sind weht ein leichter angenehmer Wind, der die Hitze einigermaßen erträglich macht. Hilda, Lisa und Gunda sind unterwegs eine Badegelegenheit im weiten Kiesbett zu suchen. Nicht weit von hier kommt von rechts ein Bach und da ist eine etwas tiefere Stelle um einige Züge zu schwimmen, geht auch ohne das Badezeug nass zu machen. „Heute abend sollten wir uns gut mit Mückenmittel einschmieren hier schwirren die bestimmt wie verrückt herum ", schlage ich vor. „Noch drei Tage, dann sitzen wir wieder im Zug auf der Heimreise ", sagt Gerd. Kalle: „daran darf ich nicht denken, nächste Woche wieder arbeiten." „So ist das Leben eben", gibt Hilda von sich und zündet den Kocher an. „Nun machen wir erst mal Kaffeepause und danach ein Glas Vin Rouge", kommt von Kalle, dem Genießer. Letzter Ruhetag, einkaufen in St. Martin, Rundgang durch das fast verlassene alte Ort Aigueze, baden und Waschtag auf der Kiesbank, leichter Ostwind lässt die Wäsche flattern, am Wetter scheint sich noch nichts zu ändern. Regen könnten wir in den letzten Tagen nicht mehr brauchen. Bei dem niederen Wasserstand sind die Boote zwischen den Kiesbänken hindurch zu steuern, doch unsere Karawane zieht weiter und nach einer großen Insel schwimmen sie auf der Rhone mit Blick auf die mittelalterliche Steinbrücke mit ihren vielen Bogen, die beste Durchfahrt soll links sein, Zelt- und Abbaumöglichkeit jedoch auf dem rechten Ufer unterhalb der sehenswerten, alten Kleinstadt. Ein wenig kniffelig aber Kalle findet den richtigen Weg. Anlege- und Endstelle eine kiesige kleine Bucht, dahinter sieht es aus wie ein „Camping Municipal", ist auch so stellen Hilda und Gunda fest. Alle Kajaks ausräumen, das waren heute die letzten Paddelschläge der vierwöchigen achtzig Kilometer-Tour, gut austrocknen und reinigen innen und außen. Morgen, Donnerstag, Abbautag am Bahnhof einen Schnellzug ausfindig machen nach Lyon, falls er hier Halt macht. Mit Gerd kläre ich das am Gare, ein kleines Steingebäude und geschottertem Bahnsteig. Am Mittag gibt es eine Verbindung nach Lyon mit einer Fahrzeit von knapp fünf Stunden.

Rückfahrkarten rauskramen und pünktlich am Bahnhof sein ist nun die Vorgabe, was auch klappt. Sicher sind wir erst als alles im Abteil verstaut ist und die Cevennen- Berge an den Fenstern vorbeiflitzen, manchmal können wir die hier mächtige Rhone in der breiten Ebene sehen, meist versperren Bäume, Dämme, Häuser und Industrieanlagen die Sicht. In Lyon, die anstrengende Umsteige- und Umladeprozedur sowie die Bahnsteigsuche, macht wie immer Gerd ganz clever. So bekommen wir einen Kurswagen nach Hamburg mit erstaunlich viel Platz. „Es ist noch keine Haupturlaubszeit", versucht Kalle das zu erklären. An unserem geistigen Auge ziehen die Urlaubswochen vorbei. In Gedanken sehe ich die vielen Dias (10 36er Agfa CT 18 und 4 Ilford S-W Filme) ob die wohl alle richtig belichtet sind. Gerd reißt mich aus meinen Gedanken als er sagt. „Nun hoffe ich, dass alle Aufnahmen was geworden sind und die Erinnerungen wach halten." „Genau das habe ich eben auch gedacht", sage ich und mache mir`s auf einer Packtasche bequem. Ratternd und schnell fährt der Schnell- oder Eilzug mit wenigen Haltstationen über Seyssel an der oberen Rhone auf die Schweizer Grenze zu. Bald ist Zollkontrolle, „sucht mal eure Ausweise raus", murmelt Kalle. Da tönt es durch den Wagen: „Passeport, s´il vous plait ", „merci" und die Uniformierten sind schon am nächsten Abteil. Dunkle Gewitterwolken hängen über dem Tal, es blitzt und donnert und Regen prasselt gegen die Abteilfenster, das haben wir vier Wochen nicht erlebt. „Hab' ich's nicht gesagt wir kriegen noch Regen irgendwann muss das runterkommen was die Sonne aufsaugt", sagt Lisa aus dem Berg Packtaschen heraus. Das klingt logisch und überzeugend für uns angesichts der Regenfluten. Wir sitzen trocken und rollen dem Gewitter davon. Am Genfer See ist es bewölkt und alles trocken, viele weiße Segel scheinen unbewegt auf der dunklen Wasserfläche zu stehen. Fahrplanmäßig müssten wir am frühen Nachmittag in Heidelberg ankommen. In Basel ist der Express mit einer halben Stunde Verspätung. Das Umspannen der E-Lok gibt soviel Zeit her unsere Einer in den Packwagen zu bringen und beim Schaffner Fahrradkarten zu kaufen. Auf den nächsten 250 Kilometern ist das Abteil uns und bequemer nach der Nachtfahrt durch Frankreich. Mit reichlich Verspätung in Heidelberg und keinerlei Pannen im gesamten Urlaub kommen wir dank sorgfältiger Planung durch Gerd wohlbehalten am Bootshaus an. Die Abende der ersten Arbeitswoche geht mit Aufräumen, reinigen und Bootsaufbau schnell vorbei. Die Filme sind entwickelt zurück und viele brauchbare Aufnahmen dabei. Der Dank geht an die „südliche Sonne".